ÍNDICE

Introdução

   Capítulo 1: Introdução ao Povo Judeu e sua História de Prosperidade   1

Capítulo 2: A Importância da Educação Financeira na Cultura Judaica   6

Capítulo 3: A Sabedoria das Leis Judaicas Sobre Dinheiro e Propriedade   13

Capítulo 4: A Influência da Crença em Deus na Prosperidade Judaica   18

   Capítulo 5: A Importância do Trabalho Duro na Cultura Judaica   23

Capítulo 6: A Sabedoria da Poupança e Investimento na Cultura Judaica   28

  Capítulo 7: O Papel do Comércio na Prosperidade Judaica   34

  Capítulo 8: A Importância do Planejamento Financeiro na Cultura Judaica   42

Capítulo 9: A Sabedoria da Generosidade na Cultura Judaica   47

   Capítulo 10: A História do Povo Judeu como Empreendedores e Negociantes   49

Capítulo 11: A Importância do Conhecimento em Finanças na Cultura Judaica   53

Capítulo 12: A Sabedoria da Paciência na Cultura Judaica   57

Capítulo 13: A Influência da Comunidade na Prosperidade Judaica — 61

Capítulo 14: A Importância da Confiança em Deus na Cultura Judaica — 66

Capítulo 15: A Sabedoria da Disciplina Financeira na Cultura Judaica — 69

Capítulo 16: A História do Povo Judeu na Banca e nas Finanças — 73

Capítulo 17: A importância da Visão de longo prazo na cultura Judaica — 76

Capítulo 18: A Sabedoria do Planejamento Sucessório na Cultura Judaica — 80

Capítulo 19: A Influência da Inovação na Prosperidade Judaica — 85

Capítulo 20: A Importância da Honestidade na Cultura Judaica — 90

Capítulo 21: A Sabedoria da Diversificação Financeira na Cultura Judaica — 94

Capítulo 22: A História do Povo Judeu como Investidores Imobiliários — 98

Capítulo 23: A Importância do Networking na Cultura Judaica — 102

Capítulo 24: A Sabedoria da Adaptação Financeira na Cultura Judaica — 105

Capítulo 25: A Influência da Responsabilidade Social na Prosperidade Judaica — 109

Capítulo 26: A Importância da Integridade na Cultura Judaica — 112

Capítulo 27: A Sabedoria do Investimento em Conhecimento na Cultura Judaica — 115

Capítulo 28: A História do Povo Judeu como Negociantes de Diamantes — 117

Capítulo 29: A Importância da Estratégia Financeira na Cultura Judaica — 121

Capítulo 30: A Sabedoria do Desapego Material na Cultura Judaica — 123

Capítulo 31: A Influência da Justiça na Prosperidade Judaica — 125

Capítulo 32: A Importância da Humildade na Cultura Judaica — 128

Capítulo 33: A Sabedoria do Controle Emocional na Cultura Judaica — 130

Capítulo 34: A História do Povo Judeu como Banqueiros Internacionais — 134

Capítulo 35: A Importância do Gerenciamento de Riscos na Cultura Judaica — 136

Capítulo 36: A Sabedoria da Resiliência Financeira na Cultura Judaica — 138

Capítulo 37: A Influência da Tradição na Prosperidade Judaica — 141

Capítulo 38: A Importância da Autoconfiança na Cultura Judaica — 144

Capítulo 39: A Sabedoria do Planejamento de Aposentadoria na Cultura Judaica — 148

Capítulo 40: A História do Povo Judeu como Comerciantes de Especiarias — 151

Capítulo 41: A Importância da Transparência Financeira na Cultura Judaica — 155

Capítulo 42: A Sabedoria da Responsabilidade Fiscal na Cultura Judaica — 157

Capítulo 43: A Influência da Caridade na Prosperidade Judaica — 160

Capítulo 44: A Importância do Autoconhecimento na Cultura Judaica — 163

Capítulo 45: A Sabedoria da Flexibilidade Financeira na Cultura Judaica — 167

Capítulo 46: A História do Povo Judeu como Mercadores de Seda — 170

Capítulo 47: A Importância do Plano de Sucessão Empresarial na Cultura Judaica — 175

Capítulo 48: A Sabedoria da Diferenciação Financeira na Cultura Judaica — 179

Capítulo 49: A Influência da Honestidade Intelectual na Prosperidade Judaica — 181

Capítulo 50: A Importância da Auto-disciplina na Cultura Judaica — 183

Capítulo 51: A Sabedoria do Investimento em Pessoas na Cultura Judaica — 185

Capítulo 52: A História do Povo Judeu na Bolsa de Valores — 187

Capítulo 53: A Importância da Gestão de Tempo na Cultura Judaica — 190

Capítulo 54: A Sabedoria da Simplicidade Financeira na Cultura Judaica — 193

Capítulo 55: A Influência da Responsabilidade Ambiental na Prosperidade Judaica — 195

Capítulo 56: A Importância do Perdão na Cultura Judaica — 197

Capítulo 57: A Sabedoria da Reserva Financeira na Cultura Judaica — 200

Capítulo 58: A História do Povo Judeu como Proprietários de Terras — 202

Capítulo 59: A Importância da Cooperação na Cultura Judaica — 205

Capítulo 60: A Sabedoria da Gestão de Crises Financeiras na Cultura Judaica — 207

Capítulo 61: A Influência da Fé na Prosperidade — 209

Judaica

Capítulo 62: A Importância da Gratidão na Cultura Judaica — 211

Capítulo 63: A Sabedoria da Análise de Riscos na Cultura Judaica — 214

Capítulo 64: A História do Povo Judeu como Empreendedores do Setor Alimentício — 216

Capítulo 65: A Importância do Networking Financeiro na Cultura Judaica — 219

Capítulo 66: A Sabedoria da Paciência no Investimento na Cultura Judaica — 221

Capítulo 67: A Influência da Responsabilidade Corporativa na Prosperidade Judaica — 223

Capítulo 68: A Importância da Confiança nos Negócios na Cultura Judaica — 225

Capítulo 69: A Sabedoria da Reserva de Emergência na Cultura Judaica — 227

Capítulo 70: A História do Povo Judeu na Indústria Têxtil — 229

Capítulo 71: A Importância do Plano de Crescimento Empresarial na Cultura Judaica — 231

Capítulo 72: A Sabedoria da Tomada de Risco Controlada na Cultura Judaica — 234

Capítulo 73: A Influência da Responsabilidade Civil na Prosperidade Judaica — 237

Capítulo 74: A Importância do Autocontrole Financeiro na Cultura Judaica — 239

Capítulo 75: A Sabedoria do Investimento em Propriedade na Cultura Judaica — 241

Capítulo 76: A História do Povo Judeu na Indústria de Diamantes — 245

Capítulo 77: A Importância da Educação Financeira na — 249

Cultura Judaica
Agradecimentos   253

INTRODUÇÃO

Todos nós nascemos com um porque, uma missão de vida e a minha é escrever e contar histórias que geram transformação na vida das pessoas. Meu nome é Gabriel Yeshua e será um prazer enorme compartilhas as histórias, segredos e ensinamentos de um povo tão prospero como o povo judeu.

Tenho certeza absoluta que após ler esse livro você terá acesso ao uma riqueza e prosperidade inestimável.

Nós somos fruto daquilo que consumimos pelos 5 sentidos. O que você tem consumido?

Gostaria de fechar a introdução com uma frase que vai comcerteza entrar sua mente!

"Investir em conhecimento rende sempre os melhores juros" Benjamin Franklin

CAPÍTULO 1: INTRODUÇÃO AO POVO JUDEU E SUA HISTÓRIA DE PROSPERIDADE

Há uma história que conta sobre um judeu chamado Mayer Amschel Rothschild, nascido em 1744, em Frankfurt, na Alemanha. Mayer era o filho mais velho de um agiota, que fazia empréstimos para nobres e clérigos. Desde cedo, Mayer aprendeu com o pai sobre o mundo dos negócios e as finanças.

Aos 19 anos, Mayer foi enviado para Hanover, onde trabalhou como aprendiz em uma importante empresa de banqueiros. Depois de alguns anos, ele retornou a Frankfurt e, com ajuda do pai, começou a trabalhar por conta própria como agiota.

Mayer era conhecido por sua inteligência, astúcia e perspicácia nos negócios. Ele rapidamente estabeleceu uma vasta rede de clientes, incluindo nobres e líderes religiosos. Seu sucesso foi tão grande que, em 1769, Mayer se tornou banqueiro da corte do príncipe Guilherme IX de Hesse-Kassel.

Com o tempo, Mayer expandiu seus negócios para outras cidades europeias, incluindo Paris e Londres. Ele fundou a Casa Rothschild, um banco que se tornou um dos mais importantes da Europa.

A história de Mayer Amschel Rothschild é um exemplo de como a inteligência e habilidade financeira podem levar a uma grande prosperidade, não só para o indivíduo, mas também para toda uma família e até mesmo uma dinastia financeira. O sucesso de Mayer e sua família influenciou muitas outras pessoas ao longo da história e contribuiu para a prosperidade da cultura judaica.

O povo judeu é conhecido por sua habilidade em prosperar financeiramente e se destacar em várias áreas de negócios em todo o mundo. Essa fama de sucesso e prosperidade tem raízes profundas em sua história e cultura, que remontam a milhares de anos.

A história do povo judeu é cheia de altos e baixos, desde sua escravidão no Egito até sua exílio na Babilônia. No entanto, apesar desses desafios, o povo judeu sempre conseguiu encontrar uma maneira de prosperar e superar as dificuldades.

Ao longo dos anos, o povo judeu se envolveu em diversos tipos de negócios, como a agricultura, a produção de vinho, o comércio de especiarias, a fabricação de seda, a bolsa de valores e muitos outros. Muitos judeus se tornaram líderes de negócios bem-sucedidos, como banqueiros, comerciantes, empresários, advogados e médicos, em todo o mundo.

Mas, o que torna o povo judeu tão bem-sucedido em negócios e finanças? Uma das razões é a ênfase que a cultura judaica coloca na educação e no trabalho duro. Desde tenra idade, a educação é valorizada como uma maneira de alcançar o sucesso na vida, e a excelência acadêmica é frequentemente incentivada e recompensada.

Além disso, o povo judeu tem uma tradição de negociação e comércio que remonta à Idade Média. Os judeus eram frequentemente proibidos de possuir terra e se envolver em outras atividades econômicas, o que os levou a se tornarem comerciantes e banqueiros. Eles também foram forçados a viver em guetos, o que os fez aprender a sobreviver e prosperar em ambientes hostis.

Outro aspecto importante da cultura judaica é a importância da família e da comunidade. Os judeus sempre se reuniram em grupos para apoiar uns aos outros em momentos difíceis, seja financeiramente ou em outras áreas da vida. A solidariedade e o apoio da comunidade foram e ainda são fundamentais para a sobrevivência e prosperidade do povo judeu.

A filosofia judaica também enfatiza a importância da caridade e da generosidade. Os judeus são incentivados a compartilhar sua riqueza com os menos afortunados, e muitas organizações judaicas dedicam-se a ajudar os necessitados em todo o mundo.

Em resumo, a história do povo judeu é rica em exemplos de sucesso financeiro e prosperidade. Sua cultura valoriza a educação, o trabalho duro, a negociação, a solidariedade comunitária e a generosidade, todos os quais são fundamentais para alcançar o sucesso nos negócios e na vida. Nos próximos capítulos, exploraremos mais profundamente as estratégias e práticas específicas que o povo judeu usou para prosperar financeiramente ao longo dos séculos.

Além disso, a religião judaica também desempenha um papel importante no sucesso financeiro do povo judeu. A Torá, o livro sagrado dos judeus, contém ensinamentos e mandamentos que incentivam a prosperidade e o sucesso financeiro. Por exemplo, a Torá ensina a importância do planejamento financeiro, investimento sábio e a gestão de recursos financeiros.

A prática do Shabbat também tem um papel importante na cultura e filosofia judaicas. O Shabbat é um dia sagrado em que os judeus descansam do trabalho e passam tempo com suas famílias e amigos. Este dia de descanso semanal ajuda a equilibrar a vida e o trabalho, permitindo que as pessoas recarreguem suas energias e voltem para suas atividades com mais foco e motivação.

Outra prática importante na cultura judaica é o conceito de "tzedaká", que significa "justiça" ou "caridade". A tzedaká é uma obrigação moral para todos os judeus, e envolve a doação de uma porcentagem da renda para instituições de caridade e para ajudar os menos afortunados. A prática da tzedaká não é apenas uma forma de ajudar os outros, mas também ajuda a desenvolver um senso de responsabilidade social e altruísmo.

Além disso, a comunidade judaica também tem uma longa história de investimento em imóveis e propriedades. Isso se deve em parte à história do povo judeu, que frequentemente teve que se mudar para diferentes países e regiões em busca de segurança e oportunidades. Como resultado, muitos judeus se tornaram investidores de imóveis, aproveitando oportunidades em diferentes mercados imobiliários.

Outro aspecto importante da cultura judaica é a importância da educação financeira. Desde cedo, os pais judeus incentivam seus filhos a aprender sobre finanças, investimentos e gestão de dinheiro. Além disso, muitas instituições judaicas oferecem programas e cursos de educação financeira para jovens e adultos.

A história do povo judeu é marcada pela habilidade em prosperar financeiramente, graças a uma combinação de educação, trabalho duro, filosofia, cultura e valores. A ênfase na educação, solidariedade comunitária, caridade, investimento em imóveis e gestão financeira inteligente são apenas algumas das práticas que ajudaram o povo judeu a prosperar ao longo dos séculos. Nos próximos capítulos, exploraremos mais profundamente as estratégias e práticas específicas que o povo judeu usou para prosperar financeiramente em diferentes áreas de negócios

1. Valorize a educação: Assim como os judeus, valorize a educação e invista nela, pois ela é fundamental para a prosperidade a longo prazo.
2. Tenha um senso de comunidade: Assim como os judeus, valorize a importância da comunidade e saiba que trabalhar em conjunto pode trazer grandes benefícios.
3. Mantenha um equilíbrio entre tradição e inovação: Assim como os judeus, mantenha um equilíbrio entre manter as tradições e a cultura de sua família e ao mesmo tempo estar aberto a novas ideias e inovações.
4. Seja persistente e resiliente: Assim como os judeus,

seja persistente e resiliente em relação aos seus objetivos e sonhos, mesmo diante de desafios e obstáculos.
5. Desenvolva habilidades financeiras: Assim como os judeus, desenvolva habilidades financeiras para gerenciar suas finanças de forma responsável e estratégica, visando a construção de uma vida financeira próspera.
6. Mantenha uma forte ética de trabalho: Assim como os judeus, tenha uma forte ética de trabalho e valorize a importância de se dedicar e trabalhar duro para alcançar seus objetivos.
7. Cultive um senso de propósito: Assim como os judeus, cultive um senso de propósito e significado em sua vida pessoal e profissional, buscando fazer a diferença positiva na vida das pessoas e na sociedade como um todo.

CAPÍTULO 2: A IMPORTÂNCIA DA EDUCAÇÃO FINANCEIRA NA CULTURA JUDAICA

A educação financeira é um aspecto fundamental da cultura judaica. Desde cedo, os pais judeus incentivam seus filhos a aprender sobre finanças, investimentos e gestão de dinheiro. Além disso, muitas instituições judaicas oferecem programas e cursos de educação financeira para jovens e adultos. Neste capítulo, vamos explorar a importância da educação financeira na cultura judaica e como isso tem contribuído para a prosperidade financeira do povo judeu.

O ensino sobre finanças e investimentos é parte integrante da educação judaica. Desde a infância, as crianças são incentivadas a economizar dinheiro, investir em pequenos negócios e aprender sobre o poder do dinheiro. Aprendem também sobre a importância do trabalho árduo e da disciplina para atingir seus objetivos financeiros. Esses ensinamentos formam a base para um entendimento básico da gestão financeira.

Além disso, a cultura judaica também valoriza a educação formal. Em muitas comunidades judaicas, a educação formal é considerada uma das maiores prioridades. A educação é vista como um meio de alcançar o sucesso financeiro e, consequentemente, o sucesso na vida. Por isso, muitos pais judeus investem em educação de qualidade para seus filhos desde cedo.

A educação financeira também é incentivada por instituições judaicas. Muitas sinagogas, escolas e organizações comunitárias oferecem programas e cursos de educação financeira para jovens e adultos. Esses programas ensinam habilidades práticas, como a gestão de finanças pessoais, planejamento financeiro, investimentos e empreendedorismo.

Um dos princípios mais importantes na educação financeira judaica é a importância de viver dentro de suas possibilidades. Os judeus são ensinados a não gastar mais do que ganham e a evitar o acúmulo de dívidas. Em vez disso, são incentivados a economizar e investir sabiamente, de modo a garantir a estabilidade financeira a longo prazo.

Outro princípio importante na educação financeira judaica é a importância do investimento em si mesmo. Isso significa investir em sua educação e desenvolvimento pessoal, a fim de melhorar suas habilidades e oportunidades de carreira. Os judeus são encorajados a buscar a excelência em suas áreas de interesse e a se dedicar ao estudo e desenvolvimento pessoal.

A educação financeira também é vista como uma forma de construir a riqueza e a prosperidade. Os judeus são ensinados a valorizar o trabalho árduo e a disciplina, bem como a aproveitar as oportunidades de investimento quando surgirem. Eles são encorajados a serem empreendedores e a buscar oportunidades de negócios, a fim de alcançar a independência financeira.

Outro aspecto importante da educação financeira judaica é a importância

da caridade. Os judeus são ensinados a serem generosos e a doar uma parte de sua renda para causas filantrópicas. A tzedaká é uma obrigação moral para todos os judeus e envolve a doação de uma porcentagem da renda para instituições de caridade
e organizações sem fins lucrativos que visam ajudar os menos afortunados. Através da caridade, os judeus acreditam que estão cumprindo uma das principais responsabilidades do seu povo, que é ajudar aqueles que estão em necessidade.

Outro aspecto importante da educação financeira judaica é a importância do planejamento financeiro. Os judeus são ensinados a planejar suas finanças a longo prazo, a fim de garantir a estabilidade financeira em todas as fases da vida. Eles são incentivados a economizar para a aposentadoria, para emergências e para objetivos de longo prazo, como comprar uma casa ou financiar a educação de seus filhos.

Um dos aspectos mais fascinantes da educação financeira judaica é a sua abordagem holística para a vida. Os judeus acreditam que a vida deve ser vivida em equilíbrio, com uma ênfase na saúde física, emocional, espiritual e financeira. Eles acreditam que o dinheiro é apenas um aspecto da vida e que ele deve ser gerenciado com sabedoria para garantir a harmonia e o equilíbrio em todas as áreas da vida.

Em resumo, a educação financeira é um aspecto fundamental da cultura judaica. Desde a infância, os judeus são ensinados a valorizar a educação formal e a investir em si mesmos. Eles são incentivados a viver dentro de suas possibilidades, a economizar sabiamente e a buscar oportunidades de investimento. A caridade é vista como uma obrigação moral, e o planejamento financeiro é visto como uma forma de garantir a estabilidade financeira a longo prazo. A abordagem holística para a vida também é valorizada, com ênfase na harmonia e no equilíbrio em todas as áreas da vida.

A educação financeira é tão importante na cultura judaica que muitas sinagogas e organizações comunitárias oferecem programas de educação financeira para jovens e adultos. Esses programas têm como objetivo ajudar os judeus a desenvolver habilidades práticas de gestão financeira e a adquirir conhecimento sobre investimentos, finanças pessoais e empreendedorismo.

Um dos principais ensinamentos da educação financeira judaica é a importância do trabalho árduo e da disciplina. Os judeus acreditam que o sucesso financeiro é alcançado através do trabalho árduo e da disciplina, e que a chave para a prosperidade financeira é a construção de uma base sólida de habilidades e conhecimentos.

Outro ensinamento importante na educação financeira judaica é a importância da paciência e da perseverança. Os judeus acreditam que a construção de riqueza e prosperidade é um processo gradual, que requer tempo e paciência. Eles são encorajados a serem perseverantes em seus esforços para alcançar seus objetivos financeiros e a nunca desistir, mesmo diante de obstáculos.

A educação financeira judaica também enfatiza a importância da gestão de risco. Os judeus são ensinados a avaliar cuidadosamente as oportunidades de investimento e a gerenciar os riscos associados a cada um
dessas oportunidades. Eles são instruídos a diversificar suas carteiras de investimento para minimizar o risco e a tomar medidas para proteger seus ativos. Isso inclui a compra de seguro, a criação de um fundo de emergência e a consulta de especialistas financeiros para tomar decisões de investimento informadas.

Além disso, a educação financeira judaica valoriza a integridade e a honestidade nas relações comerciais. Os judeus são ensinados a nunca enganar ou defraudar seus clientes, fornecedores ou parceiros comerciais. Eles acreditam que a honestidade e a integridade são fundamentais para o sucesso financeiro a longo prazo, e que a confiança é um elemento crucial nas relações comerciais.

Outro aspecto importante da educação financeira judaica é a valorização do empreendedorismo e da inovação. Os judeus têm uma longa história de empreendedorismo, tendo criado muitas empresas bem-sucedidas em todo o mundo. Eles acreditam que o empreendedorismo é uma forma de criar riqueza e de contribuir para a sociedade. Eles incentivam a inovação e a criatividade, e valorizam a coragem e a determinação necessárias para iniciar e administrar um negócio.

Por fim, a educação financeira judaica enfatiza a importância de deixar um legado financeiro para as gerações futuras. Os judeus acreditam que é importante preservar a riqueza e a propriedade para as gerações futuras, e que isso deve ser feito com responsabilidade e sabedoria. Eles incentivam a criação de um plano de sucessão e a transferência de riqueza de uma geração para outra de forma inteligente e estratégica.

Em resumo, a educação financeira judaica é um conjunto de valores e princípios que enfatizam a importância da educação, da caridade, do planejamento financeiro, do trabalho árduo, da disciplina, da paciência, da gestão de risco, da integridade, do empreendedorismo, da inovação e da transferência de riqueza para as gerações futuras. Esses ensinamentos têm sido transmitidos de geração em geração e têm sido fundamentais para o sucesso financeiro do povo judeu em todo o mundo.
Além disso, a educação financeira na cultura judaica também enfatiza a importância de se ter uma boa relação com o dinheiro. A mentalidade judaica sobre dinheiro é que ele deve ser visto como um meio para atingir objetivos maiores e não como um fim em si mesmo. Ou seja, o dinheiro não deve ser o centro da vida, mas sim um meio para construir uma vida melhor.

Isso significa que os judeus são incentivados a serem gratos pelo que têm e a viver de forma modesta. Eles valorizam a simplicidade e a frugalidade, evitando o desperdício e o excesso. A cultura judaica enfatiza a importância de compartilhar com os menos afortunados, por meio de doações e ações de caridade.

Outra prática comum na cultura judaica é a observância do Shabbat, o dia sagrado de descanso que ocorre toda semana. Durante o Shabbat, os judeus são instruídos a se desconectar do mundo material e se concentrar em valores mais elevados, como a família, a espiritualidade e a reflexão. Essa prática ajuda a manter uma perspectiva saudável sobre o dinheiro e a evitar que ele domine a vida.

A educação financeira na cultura judaica também enfatiza a importância de se ter um propósito na vida. Os judeus são incentivados a descobrir sua missão na vida e a trabalhar em direção a ela, usando seus recursos financeiros para ajudá-los a alcançar seus objetivos. Eles acreditam que o dinheiro deve ser usado de forma estratégica para criar um mundo melhor e mais justo.

Por fim, a educação financeira na cultura judaica também destaca a importância de se aprender com os erros e as dificuldades financeiras. Os judeus acreditam que os erros são oportunidades para aprender e crescer, e que a adversidade é uma oportunidade para desenvolver resiliência e força. Eles não têm medo de correr riscos, mas aprendem a avaliar cuidadosamente os riscos e a tomar decisões informadas.

Em conclusão, a educação financeira na cultura judaica é uma abordagem holística que enfatiza a importância da educação, da caridade, do planejamento financeiro, do trabalho árduo, da disciplina, da paciência, da gestão de risco, da integridade, do empreendedorismo, da inovação e da transferência de riqueza para as gerações futuras. Esses ensinamentos têm sido transmitidos de geração em geração e têm sido fundamentais para o sucesso financeiro do povo judeu em todo o mundo.

CAPÍTULO 3: A SABEDORIA DAS LEIS JUDAICAS SOBRE DINHEIRO E PROPRIEDADE

A cultura judaica é rica em tradições e leis que envolvem dinheiro e propriedade. Essas leis foram desenvolvidas ao longo de séculos de estudo e reflexão e têm sido essenciais para a prosperidade financeira do povo judeu. Neste capítulo, exploraremos algumas das principais leis judaicas sobre dinheiro e propriedade e discutiremos como elas podem ser aplicadas na vida moderna.

Uma das leis mais conhecidas na cultura judaica é a proibição do roubo e da fraude. Os judeus são instruídos a serem honestos em todas as suas transações e a respeitar a propriedade dos outros. Isso inclui não apenas evitar o roubo direto, mas também não enganar ou explorar os outros em negócios ou transações financeiras. A honestidade é vista como um valor fundamental na cultura judaica e é considerada essencial para manter a integridade e a confiança em todas as áreas da vida.

Outra lei importante na cultura judaica é a obrigação de pagar salários justos e a tempo. Os empregadores são instruídos a tratar seus funcionários com respeito e dignidade, e a pagar salários justos e em dia. Isso é considerado essencial para manter a justiça e a equidade na sociedade e para evitar a exploração dos trabalhadores. Além disso, a cultura judaica enfatiza a importância do trabalho duro e da valorização do trabalho como um meio de obter sustento e de contribuir para a sociedade.

A cultura judaica também tem uma forte tradição de empreendedorismo e inovação. Os judeus são incentivados a usar suas habilidades e talentos para criar negócios e empreendimentos que beneficiem a si mesmos e à sociedade como um todo. A cultura judaica valoriza a criatividade e a inovação, e muitos líderes empresariais bem-sucedidos são judeus que usaram essas habilidades para construir empresas bem-sucedidas e criar empregos e oportunidades para os outros.

Além disso, a cultura judaica enfatiza a importância de investir em educação e desenvolvimento pessoal. Os judeus são instruídos a valorizar o conhecimento e a buscar constantemente aprimorar suas habilidades e conhecimentos. Isso pode incluir investir em educação formal, como universidades ou escolas técnicas, bem como em desenvolvimento pessoal, como treinamento em liderança ou empreendedorismo. A cultura judaica vê o conhecimento como uma forma de poder e como uma ferramenta para melhorar a vida das pessoas.

Outra lei importante na cultura judaica é a obrigação de ajudar os menos afortunados. Os judeus são instruídos a serem generosos e a compartilhar com aqueles que estão em necessidade. Isso pode incluir doações para organizações de caridade, voluntariado em projetos comunitários ou simplesmente ajudar um amigo ou vizinho que esteja passando por dificuldades financeiras. A cultura judaica enfatiza a importância de usar a riqueza e a propriedade para fazer o bem na sociedade.

Por fim, a cultura judaica tem uma forte tradição de planejamento financeiro e gestão de dinheiro. Os judeus são ensinados a planejar e gerenciar suas finanças cuidadosamente, a fim de evitar dívidas e garantir a estabilidade financeira a longo prazo. Isso pode incluir a criação de um orçamento, a poupança para emergências, o investimento em aposentadoria e a diversificação de investimentos para reduzir o risco financeiro.

Além disso, a cultura judaica também tem leis específicas sobre herança e propriedade. As leis da Torá estabelecem que a propriedade deve ser passada para os filhos e descendentes, mas também devem ser distribuídas de forma justa entre eles. Isso significa que as propriedades e bens devem ser distribuídos de forma justa e equitativa, e não apenas de acordo com a preferência dos pais. Essas leis ajudam a garantir a estabilidade financeira e a proteger a propriedade de futuras gerações.

Além dessas leis específicas, a cultura judaica também enfatiza a importância de viver dentro dos meios e evitar o desperdício. Os judeus são incentivados a serem moderados em seus gastos e a evitar viver acima de suas posses. Isso significa evitar a compra de bens de luxo desnecessários e focar em investir em necessidades essenciais, como moradia, alimentação e educação.

Em suma, as leis e tradições da cultura judaica sobre dinheiro e propriedade são amplas e abrangentes. Elas enfatizam valores como honestidade, justiça, trabalho duro, inovação, planejamento financeiro, ajuda aos menos afortunados e viver dentro dos meios. Essas leis têm sido essenciais para a prosperidade financeira do povo judeu ao longo dos séculos e podem servir como um modelo para outras culturas e sociedades em busca de sucesso financeiro e estabilidade. É importante lembrar que, embora essas leis possam parecer restritivas, elas podem ser adaptadas e aplicadas de forma flexível e criativa para atender às necessidades e desafios da vida moderna.

Outra lei importante na cultura judaica relacionada à propriedade é o conceito de Hidush ha-Olam, que significa "melhorar o mundo". Esse conceito se baseia na crença de que as pessoas têm a responsabilidade de melhorar o mundo e torná-lo um lugar melhor e mais justo para todos. Isso inclui a responsabilidade de cuidar do meio ambiente, ajudar os menos afortunados e tornar a sociedade mais justa e igualitária.

Na cultura judaica, isso se traduz em várias práticas relacionadas ao dinheiro e à propriedade. Por exemplo, muitos judeus fazem doações regulares para caridade, ajudando a apoiar organizações que ajudam os necessitados e promovem a justiça social. Além disso, muitos judeus também se envolvem em atividades de voluntariado e fazem trabalho comunitário para ajudar a melhorar a qualidade de vida de suas comunidades.

Além disso, a cultura judaica também enfatiza a importância da responsabilidade social corporativa. Muitas empresas judaicas têm políticas e práticas voltadas para a sustentabilidade e a responsabilidade social, como a redução de emissões de carbono, a promoção de direitos humanos e a doação para causas sociais.

No entanto, nem todas as leis e práticas judaicas relacionadas ao dinheiro e à propriedade são amplamente aceitas ou aplicadas. Por exemplo, as leis sobre a cobrança de juros foram interpretadas de maneiras diferentes ao longo dos séculos, e muitos judeus modernos não seguem estritamente essa lei. Além disso, a ênfase na educação financeira e na poupança pode ser vista como um reflexo da experiência histórica do povo judeu, que frequentemente enfrentou perseguição e expulsão, forçando-os a depender de suas economias para sobreviver em tempos difíceis.

Em suma, a cultura judaica tem muitas leis e tradições relacionadas ao dinheiro e à propriedade que foram essenciais para a prosperidade do povo judeu ao longo dos séculos. Essas leis enfatizam valores como honestidade, justiça, trabalho duro, inovação, planejamento financeiro e responsabilidade social, e podem servir como um modelo para outras culturas e sociedades que buscam sucesso financeiro e estabilidade.

Uma curiosidade interessante sobre a cultura judaica relacionada ao dinheiro é o conceito de "gelt", uma palavra iídiche que significa dinheiro ou moeda. Gelt é frequentemente associado à tradição do Chanucá, uma festa judaica que celebra a rededicação do Templo Sagrado em Jerusalém e a vitória dos judeus sobre os sírios. Durante Chanucá, as crianças muitas vezes recebem "gelt" como um presente, geralmente em forma de moedas de chocolate embrulhadas em papel dourado.

A tradição do "gelt" remonta a séculos atrás, quando os judeus costumavam dar dinheiro como presente aos seus filhos durante as festividades. Acredita-se que essa tradição tenha sido inspirada pela prática de dar dinheiro como presente no casamento judaico, conhecido como "mesonot" Mezonot é uma bênção judaica recitada antes de comer certos alimentos que não são considerados pães, mas que contêm grãos, como bolos e biscoitos. A bênção é recitada em hebraico e é uma expressão de gratidão a Deus por prover alimentos para a pessoa. A bênção completa é "Baruch atah Adonai, Eloheinu melech ha'olam, hamotzi lechem min ha'aretz" que é recitada antes de comer pães, enquanto "Baruch atah Adonai, Eloheinu melech ha'olam, borei minei mezonot" é recitada antes de comer alimentos que contêm grãos.

CAPÍTULO 4: A INFLUÊNCIA DA CRENÇA EM DEUS NA PROSPERIDADE JUDAICA

A crença em Deus é um aspecto fundamental da cultura judaica, e tem uma forte influência na prosperidade financeira da comunidade. A crença em Deus é o pilar central da fé judaica e tem sido transmitida de geração em geração há mais de 3.000 anos. A crença no papel de Deus na vida de uma pessoa e a confiança em sua providência são valores fundamentais para a comunidade judaica.

A crença em Deus tem uma forte influência na prosperidade financeira da comunidade judaica. A fé em Deus leva muitos judeus a ter uma atitude positiva em relação ao dinheiro e aos negócios. Eles acreditam que Deus lhes deu uma responsabilidade de serem bons administradores de suas finanças e propriedades, e assim, eles se empenham em administrá-los de forma cuidadosa e diligente.

Além disso, a crença em Deus também tem um efeito direto na vida dos judeus através das leis judaicas sobre negócios e comércio. Essas leis estabelecem padrões éticos e justos para as transações comerciais e ajudam a proteger os indivíduos de serem explorados ou defraudados. Isso ajuda a construir a confiança entre as pessoas e a promover um ambiente econômico saudável e próspero.

Outro aspecto importante da crença em Deus na comunidade judaica é a prática da caridade e doações. Muitos judeus acreditam que a doação de caridade é uma obrigação religiosa e uma forma de servir a Deus. Eles veem a caridade como uma maneira de compartilhar a riqueza com os menos afortunados e como uma forma de contribuir para o bem-estar da comunidade.

A crença em Deus também ajuda a comunidade judaica a lidar com os altos e baixos da vida financeira. Os judeus acreditam que Deus é o provedor de todas as coisas boas, incluindo a riqueza material, e que tudo o que eles têm é um presente de Deus. Essa crença ajuda a comunidade a manter uma perspectiva saudável em relação ao dinheiro e a não se deixar levar pela ganância ou pela obsessão por riqueza.

Por fim, a crença em Deus também ajuda a comunidade judaica a enfrentar os desafios econômicos. Quando a economia sofre uma queda ou uma crise financeira, muitos judeus confiam em Deus para fornecer a ajuda e a orientação necessárias para superar os desafios e voltar ao caminho da prosperidade.

Em resumo, a crença em Deus tem uma forte influência na prosperidade financeira da comunidade judaica. A confiança na providência divina, a prática da caridade, a observância das leis judaicas sobre negócios e comércio, e uma perspectiva saudável em relação ao dinheiro são alguns dos valores que ajudam a comunidade a prosperar. A crença em Deus é um pilar central da fé judaica e continua a ser uma fonte de inspiração e orientação para a comunidade judaica em todo o mundo.

Outro aspecto importante da influência da crença em Deus na prosperidade judaica é a tradição do estudo da Torá. A Torá é a base da fé e cultura judaicas, e o estudo da Torá é considerado uma das mais importantes mitzvot (mandamentos) da religião judaica. O estudo da Torá ensina valores éticos e morais que ajudam a moldar o caráter de uma pessoa e a orientar suas ações no mundo.

Esses valores éticos e morais têm uma forte relação com a prosperidade financeira. Por exemplo, a Torá ensina a importância de evitar a desonestidade e a fraude nos negócios, de pagar salários justos e de tratar os funcionários com respeito e dignidade. Esses valores são fundamentais para a construção de uma economia saudável e justa.

Além disso, o estudo da Torá também ensina sobre a importância da moderação e do autocontrole. Os judeus são encorajados a evitar excessos em suas vidas, incluindo excessos no consumo e na busca por riquezas materiais. Eles são ensinados a encontrar um equilíbrio entre suas necessidades materiais e suas necessidades espirituais.

Outro aspecto importante do estudo da Torá é a ênfase na educação e no aprendizado contínuo. Os judeus são incentivados a buscar o conhecimento e a aprender novas habilidades ao longo de suas vidas. Isso ajuda a prepará-los para as mudanças no mercado de trabalho e para enfrentar os desafios econômicos.

Uma curiosidade interessante sobre a influência da crença em Deus na prosperidade judaica é a tradição do dízimo. Muitos judeus praticam o hábito de dar 10% de sua renda para a caridade ou para a sinagoga local. Esse costume é baseado no conceito de maaser, que significa "dízimo" em hebraico. A crença é que dar o dízimo ajuda a construir a confiança em Deus e a promover a prosperidade financeira.

Em conclusão, a crença em Deus é um aspecto fundamental da cultura judaica e tem uma forte influência na prosperidade financeira da comunidade. A confiança em Deus, a prática da caridade, o estudo da Torá e a observância dos valores éticos e morais são alguns dos valores que ajudam a comunidade judaica a prosperar. A tradição do dízimo é uma curiosidade interessante que mostra a importância da crença em Deus na cultura judaica. A crença em Deus é um pilar central da fé judaica e continua a ser uma fonte de inspiração e orientação para a comunidade judaica em todo o mundo.

Outro aspecto importante da influência da crença em Deus na prosperidade judaica é a tradição do shabat. O shabat é o dia sagrado semanal de descanso para os judeus, que começa ao anoitecer de sexta-feira e termina ao anoitecer de sábado. Durante esse dia, os judeus são encorajados a se desconectar das preocupações materiais e se concentrar em sua espiritualidade e relacionamentos.

Essa pausa semanal na rotina agitada da vida moderna pode ter benefícios significativos para a saúde mental e emocional, além de permitir que as pessoas se reconectem com suas crenças e valores. Alguns estudos também sugerem que a prática regular do shabat pode ter um impacto positivo na saúde física, ajudando a reduzir o estresse e a ansiedade.

Além disso, o shabat também pode ter um impacto positivo na prosperidade financeira dos judeus. Durante o shabat, os judeus são incentivados a se concentrar em seus relacionamentos e em sua comunidade. Isso pode ajudar a criar uma rede de apoio forte e a abrir portas para novas oportunidades de negócios e colaboração.

Outra curiosidade interessante sobre a influência da crença em Deus na prosperidade judaica é a tradição do Tikun Olam. Tikun Olam é um conceito hebraico que significa "reparar o mundo". A crença é que cada pessoa tem a responsabilidade de contribuir para tornar o mundo um lugar melhor, através de ações positivas e altruístas.

Essa crença pode ter um impacto significativo na forma como os judeus veem a prosperidade financeira. Em vez de ver a riqueza como um fim em si mesma, muitos judeus veem a riqueza como uma ferramenta para realizar o Tikun Olam e fazer a diferença no mundo. Isso pode levar a uma abordagem mais holística para a prosperidade, em que a busca pela riqueza está ligada a um senso de propósito maior.

Em resumo, a crença em Deus desempenha um papel fundamental na cultura e na prosperidade financeira do povo judeu. A confiança em Deus, a prática da caridade, o estudo da Torá, a observância dos valores éticos e morais, a tradição do shabat e a crença no Tikun Olam são alguns dos valores que ajudam a comunidade judaica a prosperar. A riqueza é vista como uma ferramenta para fazer a diferença no mundo, em vez de um fim em si mesma. A influência da crença em Deus na prosperidade judaica é uma lição valiosa que pode inspirar outras comunidades a adotar uma abordagem mais holística para a prosperidade.

CAPÍTULO 5: A IMPORTÂNCIA DO TRABALHO DURO NA CULTURA JUDAICA

A cultura judaica tem uma forte ênfase no trabalho duro como um valor fundamental. Desde os tempos antigos, a tradição judaica valorizou o trabalho como uma parte essencial da vida e como uma forma de servir a Deus.

A Bíblia hebraica, ou Tanakh, contém várias referências ao trabalho duro como uma virtude. Por exemplo, em Provérbios 6:6-11, é dito que "vá à formiga, ó preguiçoso, observe os seus caminhos e seja sábio... Como não tem chefe, nem supervisor, nem governante, ela prepara no verão o seu alimento, na época da colheita ajunta o seu sustento". Essa passagem destaca a importância da diligência e da antecipação para garantir a prosperidade futura.

Além disso, a tradição judaica incentiva a busca de uma carreira significativa e útil, e acredita que todo trabalho, não importa quão humilde, tem valor e deve ser realizado com integridade e dedicação. A Torá, por exemplo, contém leis que regulamentam as práticas trabalhistas, como o pagamento justo e a proteção do trabalhador.

Os judeus também têm uma longa história de sucesso em

vários setores, incluindo a ciência, a medicina, a filosofia e os negócios. Esses sucessos muitas vezes são atribuídos à sua ética de trabalho e sua dedicação em buscar o conhecimento e a excelência em seu trabalho.

No entanto, é importante notar que a cultura judaica não enfatiza apenas o trabalho em detrimento de outras áreas da vida. Os judeus também valorizam a família, a religião, a educação e a cultura, e acreditam que um equilíbrio saudável entre essas áreas é essencial para uma vida plena e significativa.

O valor do trabalho duro na cultura judaica é algo que é transmitido de geração em geração. Desde cedo, os jovens são incentivados a estudar e a buscar conhecimento, bem como a desenvolver habilidades práticas que serão úteis em suas futuras carreiras.

A educação é um valor fundamental na cultura judaica e é vista como uma forma de preparar as pessoas para o sucesso no mundo do trabalho. Os pais são incentivados a investir em seus filhos, fornecendo-lhes recursos e oportunidades para que possam desenvolver suas habilidades e encontrar sua vocação na vida.

Ao mesmo tempo, a tradição judaica enfatiza que o trabalho não é apenas uma forma de obter sucesso material, mas também é uma forma de servir a Deus. Os judeus são encorajados a ver seu trabalho como uma forma de contribuir para o bem-estar da sociedade e para o cumprimento da vontade de Deus no mundo.

Essa ética de trabalho é exemplificada por muitos líderes e figuras proeminentes na história judaica. Por exemplo, Maimônides, um médico e filósofo judeu do século XII, dedicou grande parte de sua vida ao estudo e ao trabalho, e é lembrado como um exemplo de como a busca pelo conhecimento e a prática da medicina podem ser uma forma de servir a Deus.

Outro exemplo é o empresário e filantropo judeu Bernard

Madoff, que ficou conhecido por sua ética de trabalho implacável e por sua dedicação em ajudar a comunidade judaica. Embora sua reputação tenha sido manchada pelo escândalo financeiro de 2008, Madoff é lembrado como um exemplo de como o trabalho duro e a dedicação podem levar ao sucesso.

Além disso, a tradição judaica enfatiza a importância de uma vida equilibrada, na qual o trabalho é equilibrado com outras áreas da vida, como a família, a religião e a comunidade. O Shabat, por exemplo, é um dia sagrado na tradição judaica, no qual o trabalho é proibido e as pessoas são encorajadas a passar tempo com a família e a praticar a religião.

Essa abordagem equilibrada é importante porque ajuda as pessoas a manterem uma perspectiva saudável sobre o trabalho e a evitar a armadilha de se tornarem obcecadas pelo sucesso material. Em vez disso, a tradição judaica incentiva as pessoas a buscar um equilíbrio saudável entre as diferentes áreas da vida, para que possam encontrar felicidade e realização em todas as áreas.

No entanto, também é importante notar que a cultura judaica não é homogênea e que existem diferenças significativas entre as diferentes correntes e comunidades judaicas. Algumas comunidades podem enfatizar mais o trabalho e o sucesso material, enquanto outras podem enfatizar mais a espiritualidade e a vida religiosa.

Em resumo, a importância do trabalho duro na cultura judaica reflete a crença de que o trabalho é uma forma de servir a Deus e contribuir para o bem-estar da sociedade. Embora o trabalho seja valorizado, a tradição judaica também enfatiza a importância de uma vida equilibrada, na qual o trabalho

Além disso, a ética de trabalho na cultura judaica também se estende ao conceito de responsabilidade social. A tradição judaica ensina que é importante usar nossos recursos e habilidades para ajudar os menos afortunados e para melhorar o mundo ao nosso redor. Essa crença é exemplificada por muitas organizações e indivíduos judeus que dedicam tempo e recursos para causas sociais e de caridade.

Por exemplo, a organização Yad Sarah, fundada em Israel em 1976, é um exemplo de como os valores judaicos podem ser aplicados para melhorar a vida das pessoas. A organização fornece equipamentos médicos e serviços de saúde gratuitos para pessoas com deficiência, idosos e outras pessoas que precisam de cuidados especiais. A Yad Sarah é gerida por voluntários que doam seu tempo e recursos para ajudar os outros.

Outro exemplo é a organização de caridade Chabad, que tem uma presença global e é conhecida por seus esforços de apoio aos judeus em todo o mundo. A Chabad oferece serviços de aconselhamento, educação religiosa, refeições kosher e outras formas de apoio à comunidade judaica. A organização também é conhecida por seus esforços de ajuda humanitária em todo o mundo, ajudando pessoas em países como Haiti, Nepal e Índia.

Esses exemplos mostram como a ética de trabalho na cultura judaica não se limita ao sucesso material, mas também se estende a um senso de responsabilidade social e devoção a causas nobres. Através desses esforços, os judeus são incentivados a ver seu trabalho não apenas como uma forma de sucesso pessoal, mas como uma forma de servir a Deus e contribuir para o bem-estar da sociedade como um todo.

Além disso, a ética de trabalho na cultura judaica também pode ser vista como uma forma de resistência e resiliência em face da adversidade. A história judaica é marcada por muitos exemplos de desafios e perseguições, mas os judeus perseveraram e prosperaram através do trabalho duro e da resiliência.

Por exemplo, durante a Segunda Guerra Mundial, muitos

judeus foram enviados para campos de concentração nazistas, onde foram forçados a trabalhar sob condições terríveis. No entanto, muitos judeus usaram o trabalho como uma forma de resistência e sobrevivência, encontrando maneiras de manter sua dignidade e humanidade em face da adversidade.

Esses exemplos mostram como a ética de trabalho na cultura judaica é uma fonte de resiliência e força em face da adversidade. Através do trabalho duro e da perseverança, os judeus foram capazes de superar muitos desafios ao longo da história e encontrar sucesso e realização em suas vidas.

Em resumo, a ética de trabalho na cultura judaica é uma tradição rica e importante que valoriza o trabalho como uma forma de servir a Deus, contribuir para o bem-estar da sociedade e encontrar sucesso e realização pessoal. Além disso, essa ética de trabalho se estende ao conceito de responsabilidade social e resiliência em face da adversidade. Através desses valores, os judeus foram capazes de prosperar

CAPÍTULO 6: A SABEDORIA DA POUPANÇA E INVESTIMENTO NA CULTURA JUDAICA

A cultura judaica também possui uma forte tradição de sabedoria financeira, incluindo a poupança e o investimento. A ideia de poupar dinheiro e investi-lo para o futuro é uma crença fundamental na cultura judaica, que é baseada na noção de responsabilidade financeira e planejamento de longo prazo.

A Torah, a Bíblia hebraica, fornece várias lições sobre poupança e investimento, incluindo o conceito de "mizrach", que significa poupança ou acumulação de riqueza. Através da história judaica, houve muitos exemplos de judeus bem-sucedidos que adotaram essa filosofia financeira e alcançaram a prosperidade.

Um exemplo é o Rabino Yehuda ha-Nasi, também conhecido como Judá, o Príncipe, que viveu no século III d.C. e foi responsável por compilar a Mishná, uma das principais obras do Talmud. O Rabino Yehuda ha-Nasi era conhecido por sua habilidade financeira e por ser um grande investidor, tendo acumulado uma grande fortuna durante sua vida. Ele também ensinava a seus alunos a importância de poupar e investir, e enfatizava que o dinheiro deve ser usado com sabedoria e responsabilidade.

Outro exemplo é o famoso filósofo judeu Maimônides, que viveu no século XII. Maimônides era um médico e estudioso da Torah, e é mais conhecido por sua obra "Mishné Torá". Em sua obra, ele ensinou que a poupança é uma virtude importante e que a pessoa deve reservar um décimo de sua renda para doações e investimentos para o futuro.

Esses exemplos mostram como a cultura judaica enfatiza a sabedoria financeira, incluindo a poupança e o investimento, como uma forma de alcançar a prosperidade e a segurança financeira. Essa filosofia é baseada na crença de que a responsabilidade financeira é uma forma de servir a Deus e contribuir para o bem-estar da sociedade.

Além disso, a cultura judaica também tem uma tradição de investimentos responsáveis, incluindo investimentos que beneficiam a comunidade e o mundo ao nosso redor. Por exemplo, muitos judeus investem em projetos que promovem a sustentabilidade ambiental, a igualdade social e a justiça. Isso reflete a crença de que o dinheiro não deve ser usado apenas para benefício pessoal, mas também deve ser usado para fazer a diferença no mundo ao nosso redor.

Em resumo, a sabedoria da poupança e do investimento na cultura judaica é uma tradição rica e importante que valoriza a responsabilidade financeira e o planejamento de longo prazo. Essa filosofia é baseada na crença de que a poupança e o investimento são formas de servir a Deus e contribuir para o bem-estar da sociedade. Além disso, a cultura judaica também tem uma tradição de investimentos responsáveis, que reflete a crença de que o dinheiro pode ser usado para fazer a diferença no mundo.

A tradição de poupança e investimento na cultura judaica

também inclui a importância de viver de forma simples e humilde. De acordo com a cultura judaica, é importante não se deixar levar pelo materialismo e ostentação, e em vez disso, viver uma vida simples e modesta.

Essa filosofia é baseada na crença de que a felicidade não pode ser encontrada em bens materiais e riquezas, mas sim em relacionamentos significativos, propósito de vida e uma conexão espiritual mais profunda. Viver de forma simples e humilde também permite que as pessoas se concentrem em seus objetivos de longo prazo e evita que sejam distraídas por coisas passageiras e superficiais.

Além disso, a cultura judaica enfatiza a importância de dar caridade e ajudar aqueles em necessidade. A caridade, ou "tzedaká", é uma virtude fundamental na cultura judaica e é considerada uma forma de cumprir a obrigação de ajudar os menos afortunados. Aqueles que são financeiramente abençoados são encorajados a compartilhar sua riqueza com os necessitados e contribuir para o bem-estar da comunidade.

No entanto, a cultura judaica também ensina que a caridade não deve ser usada como uma forma de autopromoção ou ostentação. Em vez disso, deve ser dada de forma discreta e modesta, para que a pessoa não seja vista como superior ou arrogante.

Em termos de investimento, a cultura judaica enfatiza a importância da diversificação e da gestão de risco. Isso inclui investir em diferentes setores da economia e não colocar todos os ovos em uma cesta. Também é importante evitar investimentos arriscados e confiar apenas em conselhos financeiros confiáveis e bem fundamentados.

Além disso, a cultura judaica também ensina que o dinheiro deve ser usado para fins produtivos e benéficos para a sociedade. Isso inclui investimentos em empresas que promovem a justiça social e ambiental, bem como aqueles que fornecem serviços essenciais e valorizados pela comunidade.

Em resumo, a cultura judaica tem uma rica tradição de sabedoria financeira que enfatiza a importância da poupança, investimento responsável, vida simples e humilde, caridade e diversificação. Essa filosofia é baseada na crença de que a responsabilidade financeira é uma forma de servir a Deus e contribuir para o bem-estar da comunidade. Além disso, a cultura judaica também ensina que o dinheiro deve ser usado para fins produtivos e benéficos para a sociedade, e que é importante evitar investimentos arriscados e confiar apenas em conselhos financeiros confiáveis e bem fundamentados.

Esses valores financeiros e morais são fundamentais para a cultura judaica e são transmitidos de geração em geração. Eles servem como um guia para os judeus em todo o mundo, independentemente de onde moram ou quais são suas circunstâncias financeiras. A sabedoria financeira e a filosofia de vida simples e humilde são uma parte essencial da cultura judaica e continuam a moldar as vidas e as escolas.

A cultura judaica também valoriza muito a educação e o conhecimento, incluindo o conhecimento financeiro. É considerado importante que as pessoas se eduquem sobre finanças e investimentos para que possam tomar decisões financeiras sábias e responsáveis. A tradição judaica enfatiza que o conhecimento é um tesouro que não pode ser roubado e que a educação é uma forma de melhorar a si mesmo e à comunidade.

Além disso, a cultura judaica tem uma forte tradição empresarial, com muitos judeus empreendedores bem-sucedidos em todo o mundo. Esses empresários frequentemente usam sua riqueza e sucesso para ajudar a comunidade, contribuindo para instituições de caridade e apoiando projetos que promovem o bem-estar da sociedade. Eles também são incentivados a serem éticos em seus negócios e a agirem com integridade e responsabilidade social.

Outro aspecto importante da tradição financeira judaica é a ênfase na planificação financeira a longo prazo. Os judeus são incentivados a fazer planos para o futuro, incluindo planos financeiros, e a serem cuidadosos e deliberados em suas decisões financeiras. Isso inclui a criação de um orçamento, a economia para a aposentadoria e a consideração de custos futuros, como cuidados de saúde e educação universitária.

A cultura judaica também ensina que é importante ser grato pelo que se tem e não ficar preso na cobiça por mais. Isso inclui a valorização do que se tem e a não se comparar com os outros. A gratidão é vista como uma virtude que promove a felicidade e o contentamento, e pode ajudar as pessoas a evitar o consumismo excessivo e a viver de forma mais simples e sustentável.

Finalmente, a cultura judaica incentiva a honestidade e a justiça financeira. Isso inclui o pagamento justo de salários e preços, a honestidade nas negociações e a não tirar vantagem dos outros. Os judeus são encorajados a agir com justiça e a evitar comportamentos enganosos ou desonestos.

Em resumo, a cultura judaica tem uma rica tradição de sabedoria financeira e de vida simples e humilde que enfatiza a importância da poupança, investimento responsável, caridade, diversificação, educação financeira, empreendedorismo ético, planejamento financeiro a longo prazo, gratidão, honestidade e justiça financeira. Esses valores são considerados uma forma de servir a Deus e de contribuir para o bem-estar da comunidade, e são transmitidos de geração em geração. A cultura judaica é uma fonte importante de sabedoria financeira e pode ser uma inspiração para aqueles que buscam orientação sobre como viver uma vida financeira responsável e significativa.

Não há um único "melhor" investimento financeiro na cultura judaica, pois a tradição financeira judaica enfatiza a diversificação de investimentos e a consideração cuidadosa de cada situação individual. No entanto, a cultura judaica ensina que a sabedoria financeira é uma virtude importante e incentiva as pessoas a educar-se sobre finanças e investimentos para que possam tomar decisões sábias e responsáveis.

Uma das principais lições financeiras da cultura judaica é a importância da poupança e do investimento a longo prazo. Os judeus são incentivados a economizar uma porção de seus ganhos, e a investir essa poupança em uma variedade de investimentos, como ações, títulos e imóveis. A diversificação de investimentos é considerada uma forma de minimizar o risco e maximizar os retornos a longo prazo.

Além disso, a cultura judaica valoriza o empreendedorismo e incentiva as pessoas a investir em seus próprios negócios. Os judeus empreendedores bem-sucedidos são muitas vezes vistos como um modelo a ser seguido, e são encorajados a usar sua riqueza e sucesso para contribuir para a comunidade e para apoiar projetos que promovam o bem-estar social.

No entanto, a cultura judaica também enfatiza a importância da ética nos negócios e na tomada de decisões financeiras. Os judeus são encorajados a agir com integridade e responsabilidade social, e a evitar comportamentos desonestos ou enganosos. A justiça financeira é vista como um princípio importante, e os judeus são incentivados a pagar salários e preços justos, e a serem honestos em suas negociações.

Em resumo, a cultura judaica não prescreve um único "melhor" investimento financeiro, mas enfatiza a importância da poupança, investimento a longo prazo, diversificação de investimentos, empreendedorismo ético, educação financeira e ética nos negócios. Esses valores são considerados uma forma de servir a Deus e de contribuir para o bem-estar da comunidade, e podem ajudar as pessoas a tomar decisões financeiras sábias e responsáveis em suas vidas pessoais e profissionais.

CAPÍTULO 7: O PAPEL DO COMÉRCIO NA PROSPERIDADE JUDAICA

O comércio tem desempenhado um papel significativo na prosperidade da cultura judaica desde a antiguidade. Como um povo nômade, os judeus eram frequentemente comerciantes e comerciavam com os povos que encontravam em suas viagens. Esse comércio de longa distância permitiu que os judeus se tornassem comerciantes experientes e bem-sucedidos, e essa tradição de comércio continuou ao longo da história judaica.

Durante a Idade Média, os judeus na Europa eram frequentemente proibidos de se dedicar a outras profissões, como agricultura e artesanato. Essa restrição levou muitos judeus a se envolver no comércio, e eles se tornaram especialistas em trocas financeiras e empreendimentos comerciais. Essa experiência comercial levou a uma prosperidade econômica significativa, e os judeus se tornaram uma presença importante nas principais rotas comerciais europeias.

No entanto, a prosperidade econômica dos judeus muitas vezes era vista com desconfiança e inveja, e eles foram frequentemente vítimas de perseguição e expulsão. Essa instabilidade levou muitos judeus a se estabelecer em outras partes do mundo, como o Oriente Médio e a América do Norte, onde o comércio era uma atividade valorizada e os judeus podiam prosperar economicamente.

No Oriente Médio, os judeus se envolveram em comércio de longa distância, comércio interno e também comércio local em mercados e bazaars. Como parte da diáspora judaica, eles se espalharam por todo o Oriente Médio e se estabeleceram em cidades como Damasco, Aleppo, Bagdá e Jerusalém. Muitos judeus se envolveram no comércio de especiarias, tecidos e joias, e se tornaram especialistas em negociação e troca de bens em mercados locais e internacionais.

Nos Estados Unidos, os judeus também se tornaram conhecidos por suas habilidades comerciais e empreendedoras. Durante o final do século XIX e início do século XX, muitos judeus emigraram para os Estados Unidos em busca de novas oportunidades econômicas. Eles se estabeleceram em grandes cidades como Nova York, Chicago e Los Angeles, e muitos começaram a trabalhar como comerciantes em pequenos negócios.

Esses negócios muitas vezes envolviam a venda de roupas, alimentos e outros bens de consumo, e os judeus se tornaram conhecidos por sua habilidade em escolher e vender produtos de qualidade. Eles também foram pioneiros em técnicas de marketing e publicidade, e ajudaram a criar a cultura do varejo que é tão comum nos Estados Unidos hoje em dia.

Ao longo da história, o comércio tem desempenhado um papel vital na prosperidade judaica. A habilidade dos judeus em negociar e empreender levou a uma prosperidade econômica significativa em muitos momentos da história, e muitos judeus se tornaram líderes no mundo dos negócios. No entanto, essa prosperidade também foi muitas vezes acompanhada de inveja e perseguição, e muitos judeus foram forçados a se mudar para outros lugares em busca de segurança e oportunidades econômicas.

Além disso, a tradição do comércio na cultura judaica tem uma dimensão ética importante. Os judeus são encorajados a serem honestos em seus negócios e a seguir as leis e regulamentos locais. Eles também são encorajados a respeitar os clientes e fornecedores, e a serem justos em suas transações comerciais. Esses valores éticos são enfatizados nas escrituras judaicas e são uma parte importante da cultura empresarial judaica.

Um exemplo do papel do comércio na cultura judaica pode ser visto na história da cidade de Veneza, na Itália. Durante a Idade Média, Veneza se tornou uma importante cidade comercial, e muitos judeus se estabeleceram lá para se envolver no comércio. Os judeus de Veneza se tornaram conhecidos por suas habilidades em negociação e troca de bens, e muitos deles se tornaram líderes no mundo dos negócios. No entanto, eles também enfrentaram discriminação e perseguição, e foram confinados em guetos separados da cidade.

Apesar dessas dificuldades, os judeus de Veneza continuaram a prosperar como comerciantes, e suas habilidades empreendedoras ajudaram a tornar Veneza uma das principais potências comerciais da Europa. A presença judaica na cidade era tão importante que a República de Veneza criou leis especiais para proteger os judeus e suas propriedades comerciais.

Hoje em dia, a cultura empresarial judaica continua a valorizar o comércio e o empreendedorismo. Muitos judeus têm sido bem-sucedidos como empresários, investidores e líderes empresariais em uma ampla variedade de indústrias, desde tecnologia até finanças. No entanto, o comércio também continua a enfrentar desafios, como a concorrência global e as mudanças tecnológicas.

Apesar desses desafios, a tradição do comércio na cultura judaica continua a ser uma fonte de inspiração e orientação para muitos judeus em todo o mundo. A habilidade de negociação e empreendimento dos judeus é uma parte importante de sua história e cultura, e tem sido uma fonte de prosperidade econômica e influência ao longo dos séculos.

Além disso, a cultura empresarial judaica também valoriza a importância de cuidar da comunidade e dar de volta à sociedade. A tradição do Tzedaká, que significa caridade e justiça, é uma parte fundamental da cultura judaica. A crença é que cada pessoa tem a responsabilidade de contribuir para o bem-estar da comunidade e ajudar aqueles que estão em necessidade.

Muitos empresários judeus se envolvem em iniciativas de caridade e filantropia, doando dinheiro e tempo para apoiar causas sociais e comunitárias. Essa tradição tem sido especialmente importante na história do povo judeu, que frequentemente enfrentou perseguição e discriminação ao longo dos séculos. Através de seus esforços de caridade, os judeus foram capazes de apoiar suas comunidades e ajudar a construir um mundo mais justo e humano.

Um exemplo disso pode ser visto na história de Julius Rosenwald, um empresário judeu americano que ficou conhecido por suas contribuições significativas para a educação pública e a igualdade racial. Rosenwald, que fez fortuna como presidente da Sears, Roebuck and Company, tornou-se um defensor apaixonado da educação pública e ajudou a financiar a construção de mais de 5.000 escolas para crianças afro-americanas no sul dos Estados Unidos no início do século XX. Ele também apoiou várias outras causas de caridade e filantropia, incluindo a saúde infantil e a prevenção da cegueira.

Em resumo, a cultura empresarial judaica valoriza o comércio e o empreendedorismo como uma forma de criar prosperidade econômica e oportunidades para a comunidade. No entanto, essa tradição também enfatiza a importância de valores éticos, como a honestidade, justiça e respeito pelos outros. Além disso, a tradição do Tzedaká significa que muitos empresários judeus se envolvem em iniciativas de caridade e filantropia para apoiar as comunidades em que vivem e trabalham.

No geral, a cultura empresarial judaica tem sido uma fonte de inspiração e orientação para muitos judeus em todo o mundo. Ao longo dos séculos, a habilidade de negociação, empreendimento e caridade dos judeus tem sido uma fonte de prosperidade econômica, influência social e melhoria da qualidade de vida para as comunidades em que vivem. Embora enfrentem desafios e mudanças em um mundo em constante evolução, os valores e tradições da cultura empresarial judaica continuam a ser uma fonte de força e esperança para muitos.

Além disso, a cultura empresarial judaica também enfatiza a importância da educação e do conhecimento. A crença é que, para ser bem-sucedido nos negócios, é necessário ter um bom entendimento do mundo ao seu redor, incluindo a economia, a política, a ciência e a tecnologia. Isso é especialmente importante em um mundo em constante mudança e evolução, onde a capacidade de se adaptar e inovar é essencial para o sucesso empresarial.

A cultura empresarial judaica também valoriza a colaboração e o trabalho em equipe. A crença é que, ao unir esforços e compartilhar recursos, é possível alcançar objetivos maiores e mais ambiciosos do que seria possível individualmente. Essa abordagem colaborativa também enfatiza a importância de construir relacionamentos sólidos e de longo prazo com clientes, fornecedores e parceiros de negócios.

Outro aspecto importante da cultura empresarial judaica é a abordagem de gestão de riscos. Os judeus aprenderam ao longo dos séculos a importância de gerenciar e mitigar riscos em um ambiente incerto e volátil. Isso envolve a identificação de riscos potenciais, a análise de suas causas e consequências, e a implementação de medidas para mitigar ou reduzir esses riscos. Essa abordagem de gestão de riscos é especialmente importante no mundo empresarial, onde os riscos financeiros, operacionais e de reputação podem ter consequências graves e duradouras.

Em resumo, a cultura empresarial judaica é uma fonte de orientação e inspiração para muitos empresários e líderes em todo o mundo. Sua ênfase no empreendedorismo, na ética nos negócios, na caridade e na educação tem sido uma fonte de prosperidade econômica e bem-estar para as comunidades em que vivem. Além disso, a abordagem colaborativa, a gestão de riscos e a adaptação às mudanças são aspectos importantes da cultura empresarial judaica que continuam a ser relevantes em um mundo em constante evolução.

Em conclusão, a cultura empresarial judaica é uma tradição rica e diversa que oferece muitas lições valiosas para os empresários e líderes de negócios de hoje. Sua ênfase na ética nos negócios, no empreendedorismo, na caridade e na educação pode inspirar e guiar aqueles que desejam criar prosperidade econômica e melhorar a qualidade de vida de suas comunidades. Ao mesmo tempo, sua abordagem colaborativa, gestão de riscos e adaptação às mudanças são ferramentas importantes para os empresários enfrentarem os desafios e oportunidades do mundo em constante evolução.

Uma das principais lições que a cultura empresarial judaica nos ensina é a importância de agir com responsabilidade e ética em todas as atividades de negócios. Isso envolve seguir os mais altos padrões de integridade, transparência e honestidade em todas as transações comerciais, e também ter em mente o bem-estar da comunidade como um todo. Essa abordagem ética é especialmente importante em um mundo onde a confiança e a credibilidade são fundamentais para a construção de relacionamentos duradouros e bem-sucedidos com clientes e parceiros de negócios.

Outra lição importante da cultura empresarial judaica é a importância de buscar continuamente o conhecimento e a sabedoria. Isso envolve estar sempre atento às mudanças e tendências do mercado, bem como buscar constantemente aprimorar as habilidades e conhecimentos técnicos necessários para se destacar em um ambiente empresarial competitivo. Além disso, a cultura judaica enfatiza a importância da educação formal e da aprendizagem ao longo da vida como ferramentas fundamentais para o sucesso nos negócios.

Outra característica marcante da cultura empresarial judaica é a abordagem colaborativa e de trabalho em equipe. Acredita-se que, ao unir forças com outros empresários e líderes de negócios, é possível alcançar objetivos maiores e mais ambiciosos do que seria possível individualmente. Essa abordagem colaborativa também ajuda a construir relacionamentos duradouros e de confiança com clientes e fornecedores, e a estabelecer parcerias estratégicas que podem ser fundamentais para o sucesso empresarial.

Por fim, a cultura empresarial judaica também destaca a importância de gerenciar riscos de forma eficaz. Isso envolve a identificação e análise cuidadosa dos riscos potenciais em todas as áreas de negócios, incluindo finanças, operações, reputação e conformidade regulatória. A partir daí, é necessário implementar medidas para mitigar esses riscos e reduzir sua probabilidade e impacto. Essa abordagem de gestão de riscos é especialmente importante em um mundo empresarial cada vez mais complexo e incerto, onde a capacidade de antecipar e gerenciar riscos pode ser fundamental para o sucesso a longo prazo.

Em síntese, a cultura empresarial judaica é uma fonte de inspiração e orientação para os empresários e líderes de negócios de todo o mundo. Suas lições sobre ética nos negócios, educação, colaboração e gestão de riscos são fundamentais para a construção de empresas bem-sucedidas e duradouras em um ambiente empresarial cada vez mais competitivo e desafiador. Ao seguir esses princípios e valores, os empresários podem não apenas alcançar o sucesso nos negócios, mas também fazer a diferença positiva em suas comunidades e na sociedade como um todo.

CAPÍTULO 8: A IMPORTÂNCIA DO PLANEJAMENTO FINANCEIRO NA CULTURA JUDAICA

Há uma história popular na cultura judaica sobre um homem chamado Herschel. Herschel era conhecido por sua grande riqueza e por sua capacidade de fazer excelentes investimentos. Ele era tão habilidoso com suas finanças que muitas pessoas vinham até ele pedindo conselhos e ajuda financeira.

Certa vez, um homem procurou Herschel pedindo dinheiro emprestado. Herschel, como sempre, perguntou qual era o propósito do empréstimo e quando o homem seria capaz de devolver o dinheiro. O homem disse que precisava do dinheiro para comprar um cavalo, que seria usado para transportar mercadorias e ajudar em seu trabalho de vendedor ambulante. Ele prometeu que pagaria o empréstimo em seis meses, quando começasse a ver os lucros de suas vendas.

Herschel, sem hesitar, emprestou o dinheiro ao homem. No entanto, ele fez algo incomum. Em vez de apenas dar o dinheiro e esperar pelo pagamento, Herschel pediu que o homem voltasse para visitá-lo regularmente e lhe contasse como estava indo seu negócio. O homem concordou e começou a visitar Herschel todos os meses, trazendo notícias sobre seu sucesso e como estava conseguindo pagar o empréstimo.

Com o tempo, Herschel ficou impressionado com a determinação e a habilidade do homem em administrar seu negócio. Ele viu que o homem estava fazendo bons negócios e que, em breve, seria capaz de pagar o empréstimo em sua totalidade. Herschel ficou tão impressionado que decidiu investir em seu negócio, dando-lhe ainda mais recursos para expandir suas vendas e crescer seu negócio.

Essa história ilustra a importância do planejamento financeiro na cultura judaica. Herschel era um homem sábio e experiente, que sabia como gerenciar seus recursos financeiros com prudência e sabedoria. Ele não apenas emprestou dinheiro ao homem, mas também o ajudou a estabelecer um plano de negócios realista e a monitorar seu progresso ao longo do tempo. Herschel sabia que, para garantir seu próprio sucesso financeiro a longo prazo, era necessário investir em outros que demonstrassem habilidade e potencial para ter sucesso.

Esta história também destaca a importância de investir em relacionamentos pessoais e profissionais, além de simplesmente investir em ativos financeiros. Ao se envolver com o negócio do homem e se tornar parte de sua rede de suporte, Herschel foi capaz de ajudá-lo a ter sucesso e, por sua vez, também se beneficiou financeiramente. Essa abordagem reflete a crença da cultura judaica de que a prosperidade financeira é mais do que apenas acumular riqueza, mas também envolve criar e sustentar relações de confiança e colaboração.

O planejamento financeiro é uma das principais ferramentas para garantir a prosperidade e estabilidade financeira, tanto no âmbito pessoal quanto empresarial. Na cultura judaica, a importância do planejamento financeiro é ainda mais enfatizada, uma vez que a gestão financeira responsável é vista como uma obrigação moral.

Uma das principais lições da cultura judaica sobre o planejamento financeiro é a importância de se viver dentro de suas possibilidades. Isso significa que as pessoas e empresas devem evitar gastos excessivos e viver de acordo com sua renda e recursos disponíveis. Essa abordagem de gestão financeira é baseada na ideia de que é melhor viver de forma simples e modesta do que se endividar e correr o risco de ter problemas financeiros no futuro.

Além disso, a cultura judaica enfatiza a importância da poupança como uma ferramenta fundamental para garantir a estabilidade financeira a longo prazo. A ideia é que as pessoas e empresas devem reservar uma porcentagem de sua renda ou lucro para economias e investimentos a fim de garantir a segurança financeira no futuro. A poupança é vista como uma forma de preparação para tempos difíceis, como uma perda de emprego ou uma crise econômica.

Outra lição importante da cultura judaica sobre o planejamento financeiro é a necessidade de se ter um orçamento detalhado e controlado. Isso significa que as pessoas e empresas devem fazer um planejamento cuidadoso de suas receitas e despesas, identificando onde estão os maiores gastos e onde é possível reduzir custos. Ter um orçamento controlado e bem estruturado ajuda a evitar gastos desnecessários e a garantir que os recursos financeiros sejam direcionados para as prioridades mais importantes.

A cultura judaica também enfatiza a importância do planejamento de longo prazo. Isso significa que as pessoas e empresas devem ter uma visão clara e definida de onde querem chegar no futuro e traçar um plano de ação para alcançar seus objetivos. O planejamento de longo prazo envolve não apenas a definição de metas financeiras, mas também a identificação de possíveis obstáculos e desafios que possam surgir ao longo do caminho.

Por fim, a cultura judaica destaca a importância da gestão de riscos no planejamento financeiro. Isso significa que as pessoas e empresas devem estar preparadas para lidar com possíveis eventos imprevistos, como doenças, acidentes, ou crises econômicas. A gestão de riscos envolve a identificação e análise cuidadosa de possíveis riscos financeiros e a implementação de medidas para mitigar esses riscos, como a contratação de seguros ou a diversificação de investimentos.

Em resumo, a cultura judaica destaca a importância do planejamento financeiro responsável e de longo prazo, da poupança, do controle de orçamento e da gestão de riscos para garantir a estabilidade e a prosperidade financeira. Essas lições são valiosas para todas as pessoas e empresas que desejam ter sucesso financeiro e construir um futuro seguro e próspero. Ao seguir essas práticas financeiras, é possível evitar dívidas, acumular recursos financeiros para investimentos e estar preparado para lidar com imprevistos que possam afetar sua situação financeira.

Vale ressaltar que a cultura judaica também valoriza a generosidade e o compartilhamento de recursos. Para muitos judeus, a doação de parte de seus recursos financeiros para ajudar aqueles que estão em necessidade é uma obrigação moral. Essa prática de caridade e solidariedade também é vista como uma forma de fortalecer a comunidade e de se conectar com outras pessoas em um nível mais profundo.

Em resumo, a cultura judaica oferece uma série de lições valiosas sobre o planejamento financeiro, a poupança, o controle de orçamento, a gestão de riscos e a generosidade. Seguir essas práticas financeiras pode ajudar a garantir a estabilidade e a prosperidade financeira a longo prazo, além de contribuir para o bem-estar da comunidade em geral.

Para implementar essas práticas financeiras em sua vida, é importante começar com um planejamento cuidadoso e realista de suas finanças pessoais. Faça um orçamento detalhado de suas receitas e despesas, identifique onde é possível reduzir custos e reserve uma porcentagem de sua renda para economias e investimentos. Além disso, esteja preparado para lidar com possíveis riscos financeiros, como doenças, acidentes ou perda de emprego, e considere a contratação de seguros ou a diversificação de investimentos como medidas de proteção.

Por fim, lembre-se de que a generosidade e o compartilhamento de recursos também são fundamentais para a cultura judaica. Considere a doação de parte de seus recursos financeiros para causas que você apoia e para ajudar aqueles que estão em necessidade. Além de contribuir para o bem-estar da comunidade, a prática da caridade e solidariedade pode trazer uma sensação de realização pessoal e significado para sua vida.

CAPÍTULO 9: A SABEDORIA DA GENEROSIDADE NA CULTURA JUDAICA

Há uma história popular na cultura judaica que conta sobre um rabino chamado Levi Yitzhak de Berdichev. Ele era conhecido por sua grande sabedoria e generosidade, e muitas pessoas vinham a ele em busca de orientação espiritual e conselhos financeiros.

Certa vez, um homem rico foi visitar o rabino e pediu sua bênção para expandir seus negócios. O rabino, depois de conversar com ele, percebeu que apesar de sua riqueza, o homem era excessivamente avarento e nunca havia dado uma única moeda em caridade. Levi Yitzhak aconselhou o homem a mudar sua atitude e a praticar a generosidade, porque isso traria bênçãos não só para ele, mas também para sua família e negócios.

O homem não deu muita atenção aos conselhos do rabino, achando que sua riqueza era suficiente para garantir seu sucesso. No entanto, pouco tempo depois, seus negócios começaram a declinar, e ele perdeu muito dinheiro. Desesperado, o homem voltou a procurar o rabino e pediu ajuda. O rabino disse a ele que, se ele quisesse recuperar sua riqueza, ele deveria começar a dar caridade regularmente.

O homem seguiu o conselho do rabino e começou a

dar caridade, mesmo que fosse em pequenas quantidades. Surpreendentemente, seus negócios começaram a melhorar, e ele recuperou toda a sua riqueza anterior. Ele ficou tão grato que começou a dar caridade regularmente e se tornou conhecido por sua generosidade e bondade para com os outros.

Esta história ilustra a sabedoria da generosidade na cultura judaica. Acredita-se que a generosidade é uma das chaves para a prosperidade financeira e espiritual. Isso porque, quando damos caridade, estamos demonstrando nossa confiança em Deus para fornecer o que precisamos e ajudar os outros que precisam de ajuda.

Além disso, a generosidade é vista como uma forma de retificar o egoísmo e a avareza, que são considerados impedimentos para a felicidade e o sucesso financeiro. Ao compartilhar nossos recursos com os outros, estamos cultivando uma atitude de gratidão e desapego às coisas materiais, o que pode levar a uma maior satisfação e realização em nossas vidas.

A cultura judaica incentiva a prática da generosidade em todas as áreas da vida, não apenas na caridade financeira. Também é importante ser generoso com nosso tempo, habilidades e atenção aos outros. Essa abordagem reflete a crença de que a verdadeira riqueza não é medida pelo tamanho de nossa conta bancária, mas sim pela qualidade de nossos relacionamentos e pelo bem que podemos fazer aos outros.

CAPÍTULO 10: A HISTÓRIA DO POVO JUDEU COMO EMPREENDEDORES E NEGOCIANTES

Há muitas histórias sobre a história dos judeus como empreendedores e negociantes, e uma delas é sobre a família Rothschild.

Na década de 1760, Mayer Amschel Rothschild começou a trabalhar como cambista na cidade de Frankfurt, na Alemanha. Ele era um judeu que vivia em um gueto, mas tinha um grande talento para lidar com dinheiro. Mayer logo percebeu que havia uma grande oportunidade de negócios na Europa, e começou a fazer negócios com governos e outras instituições financeiras.

Com o tempo, Mayer e seus cinco filhos fundaram bancos em Frankfurt, Viena, Paris, Londres e Nápoles. Eles se tornaram um dos mais poderosos e influentes grupos financeiros do mundo, financiando governos e impérios, apoiando o desenvolvimento de indústrias e empresas, e investindo em projetos inovadores. A família Rothschild também se tornou conhecida por sua filantropia, financiando hospitais, escolas e outras instituições de caridade em todo o mundo.

A história da família Rothschild é apenas uma das muitas histórias de sucesso dos judeus como empreendedores e negociantes ao longo da história. Os judeus sempre foram conhecidos por sua habilidade em fazer negócios e por sua visão empreendedora. De fato, muitos dos maiores empresários e líderes financeiros do mundo têm sido judeus.

Desde os tempos bíblicos, os judeus se envolveram em negócios, comércio e finanças. Muitos dos personagens bíblicos mais famosos eram comerciantes e negociantes, incluindo Abraão, Isaac e Jacó. Na Idade Média, os judeus eram frequentemente proibidos de se dedicarem a outras profissões, então se voltaram para o comércio e o empreendedorismo como uma forma de sustento.

Durante a era medieval, os judeus se tornaram comerciantes e negociantes em todo o mundo islâmico, bem como na Europa. Eles estavam envolvidos em uma ampla gama de negócios, desde a venda de especiarias e tecidos até a administração de grandes propriedades e empresas. Ainda assim, muitas vezes eram vistos com desconfiança e desconfiança pelos cristãos europeus e muitas vezes eram alvo de perseguição e violência.

Apesar dessas dificuldades, os judeus continuaram a ser empreendedores e negociantes em todo o mundo. Eles fundaram empresas, bancos e outras instituições financeiras, bem como apoiaram inovações em tecnologia, ciência e medicina. Nos séculos XIX e XX, muitos dos maiores nomes em finanças e negócios eram judeus, incluindo Andrew Carnegie, Levi Strauss, William Rosenberg e muitos outros.

Hoje em dia, os judeus ainda estão envolvidos em uma ampla gama de negócios e empreendimentos em todo o mundo. Eles são conhecidos por sua inteligência financeira, visão empreendedora e habilidades de networking. Muitos judeus também são conhecidos por sua filantropia.

Após a diáspora, os judeus continuaram a ser um povo

empreendedor e comercial, muitas vezes encontrando sucesso na abertura de negócios e empresas em suas novas comunidades. Eles se destacaram em diversas áreas, como finanças, comércio, indústria, entre outras.

Na Idade Média, por exemplo, os judeus foram proibidos de exercer muitas profissões, mas podiam trabalhar como comerciantes, e muitos se tornaram bem-sucedidos nessa área. Alguns judeus se estabeleceram como banqueiros e agiotas, oferecendo empréstimos para pessoas que não podiam obtê-los de outras fontes. Apesar de muitas vezes serem vistos com desconfiança e preconceito, os judeus conseguiram estabelecer uma reputação de confiabilidade e excelência nos negócios.

Ao longo dos séculos, os judeus estabeleceram comunidades em todo o mundo, e muitas vezes foram responsáveis pelo desenvolvimento econômico dessas regiões. Por exemplo, na década de 1700, o rabino português Isaac Aboab da Fonseca fundou a primeira sinagoga nas Américas, em Nova Amsterdã (hoje Nova York). Os judeus que se estabeleceram em Nova York ajudaram a estabelecer a cidade como um importante centro financeiro e comercial. Da mesma forma, os judeus que se estabeleceram na Palestina na década de 1800 ajudaram a construir as bases para o atual estado de Israel.

Durante o século XX, os judeus continuaram a se destacar no mundo dos negócios e da indústria. Alguns exemplos incluem Levi Strauss, fundador da empresa de roupas Levi's, e Andrew Grove, cofundador da Intel. Os judeus também tiveram um papel significativo no desenvolvimento da Hollywood, com muitos dos primeiros estúdios de cinema sendo fundados por judeus.

Além de sua proeminência nos negócios, os judeus também tiveram um papel importante no desenvolvimento de inovações tecnológicas e científicas. Muitos judeus foram pioneiros em campos como a física, a medicina, a química e a biologia. Um exemplo notável é Albert Einstein, que desenvolveu a teoria da relatividade e fez importantes contribuições para a física teórica.

Em resumo, a história do povo judeu como empreendedores e negociantes é longa e rica, marcada por muitas realizações notáveis. Desde os tempos bíblicos até os dias atuais, os judeus se destacaram em diversas áreas, estabelecendo-se como líderes no mundo dos negócios, da indústria e da tecnologia. Suas realizações são um testemunho do espírito empreendedor e inovador que tem sido uma característica distintiva da cultura judaica ao longo dos séculos.

CAPÍTULO 11: A IMPORTÂNCIA DO CONHECIMENTO EM FINANÇAS NA CULTURA JUDAICA

Há uma história na tradição judaica que fala sobre um jovem que acabara de se casar e decidiu ir ao seu rabino para pedir conselhos sobre como gerenciar seu dinheiro. Ele queria saber como fazer para sustentar sua família, economizar para o futuro e ainda ser generoso com os menos afortunados. O rabino, então, lhe disse: "Meu jovem, você não precisa de um conselho. Você precisa de um conhecimento. E este conhecimento está escrito nas escrituras sagradas que nos ensinam sobre o cuidado com o dinheiro, a importância da generosidade e a necessidade de aprender a investir".

Esta história ilustra bem a importância do conhecimento em finanças na cultura judaica. Desde tempos antigos, os judeus têm valorizado o estudo das leis financeiras e de investimento, a fim de administrar suas finanças de maneira sábia e prudente.

Para os judeus, a busca do conhecimento em finanças não é vista como algo meramente prático ou técnico, mas sim como uma forma de desenvolver a sabedoria e a disciplina necessárias para lidar com as tentações do dinheiro e do consumismo, bem como para cultivar a virtude da generosidade e da caridade.

A Torah, por exemplo, contém muitas leis e ensinamentos sobre o dinheiro e a riqueza. Ela ensina sobre a importância de poupar, investir e gerenciar com sabedoria os recursos financeiros, assim como sobre a necessidade de ser generoso com os menos afortunados. Além disso, a tradição judaica valoriza muito o estudo da história financeira e dos investimentos, a fim de aprender com os erros e sucessos do passado.

Os judeus também têm uma longa história como banqueiros, comerciantes e empresários bem-sucedidos. Desde a Idade Média, quando muitos eram proibidos de possuir terras e se dedicaram ao comércio, até os dias atuais, em que a diáspora judaica é conhecida por sua habilidade em empreender e investir, os judeus têm sido uma força econômica significativa em muitas partes do mundo.

Mas, além do sucesso material, a tradição judaica enfatiza que a riqueza deve ser vista como uma responsabilidade e não apenas como um privilégio. Os judeus são ensinados a usar sua riqueza para promover a justiça social, ajudar os menos afortunados e contribuir para a construção de uma sociedade mais justa e equitativa.

Por tudo isso, o conhecimento em finanças é visto como uma parte essencial da educação judaica. Os pais são incentivados a ensinar aos seus filhos sobre o valor do dinheiro, a importância da poupança e do investimento e a necessidade de ser generoso com os menos afortunados. Além disso, muitas escolas e centros comunitários oferecem cursos e palestras sobre finanças pessoais e investimentos, a fim de ajudar os judeus a administrar suas finanças de maneira sábia e prudente.

Em resumo, a importância do conhecimento em finanças na cultura judaica é evidente desde os tempos antigos até os dias atuais.

Na cultura judaica, a importância do conhecimento em finanças é considerada fundamental para a prosperidade e o bem-estar individual e coletivo. Acredita-se que o conhecimento financeiro é essencial para a tomada de decisões inteligentes e bem-informadas sobre gastos, investimentos e planejamento financeiro a longo prazo.

O Talmude, um texto sagrado do judaísmo que contém ensinamentos e discussões sobre a lei e a ética judaicas, inclui muitas passagens que enfatizam a importância do conhecimento financeiro e da administração prudente do dinheiro. Por exemplo, uma passagem afirma que "o dinheiro perdido pode ser encontrado, mas o tempo perdido nunca pode ser recuperado", o que destaca a importância do planejamento financeiro cuidadoso e da gestão eficiente do tempo.

Além disso, muitos judeus têm uma forte tradição empreendedora e empresarial, com uma história rica em negociações e comércio. Desde a época do Segundo Templo em Jerusalém, os judeus se destacaram em atividades comerciais e financeiras, tornando-se comerciantes, banqueiros e empreendedores bem-sucedidos em muitas partes do mundo.

Hoje em dia, o conhecimento financeiro é considerado essencial para o sucesso em muitas áreas profissionais e pessoais. Os judeus frequentemente incentivam seus filhos a buscar carreiras em finanças, contabilidade e gestão financeira, reconhecendo a importância dessas habilidades para a prosperidade e estabilidade financeira.

Existem muitas razões pelas quais o conhecimento financeiro é tão importante na cultura judaica. Uma delas é que ele permite que os indivíduos e as comunidades tomem decisões informadas e cuidadosas sobre o uso do dinheiro. O conhecimento financeiro pode ajudar as pessoas a entenderem os riscos e benefícios de diferentes tipos de investimentos, por exemplo, e a avaliar a adequação de diferentes opções de empréstimos.

Além disso, o conhecimento financeiro pode ajudar as pessoas a evitar fraudes e golpes financeiros, que podem causar danos significativos à sua estabilidade financeira. Ao aprender a avaliar corretamente as oportunidades financeiras e a identificar possíveis fraudes, os indivíduos podem tomar decisões financeiras mais informadas e proteger seu dinheiro de perdas desnecessárias.

Por fim, o conhecimento financeiro é importante porque pode ajudar as pessoas a planejar e alcançar seus objetivos financeiros a longo prazo. Isso inclui metas como economizar para a aposentadoria, planejar a compra de uma casa ou investir em educação ou treinamento profissional.

A cultura judaica valoriza muito o conhecimento financeiro e a administração prudente do dinheiro. O estudo e a compreensão das finanças são considerados essenciais para o sucesso pessoal e coletivo, permitindo que as pessoas tomem decisões informadas e cuidadosas sobre seus recursos financeiros e alcancem seus objetivos financeiros a longo prazo.

CAPÍTULO 12: A SABEDORIA DA PACIÊNCIA NA CULTURA JUDAICA

Houve um tempo em que um homem chamado Isaac decidiu abrir seu próprio negócio. Ele era um judeu dedicado e sabia que para ter sucesso em seus empreendimentos, precisava ser paciente e perseverante. Isaac trabalhou duro e investiu todo o seu dinheiro no negócio, mas as coisas não correram tão bem quanto ele esperava. Ele lutou para atrair clientes e suas finanças começaram a sofrer.

Mas Isaac não desistiu. Ele sabia que precisava ser paciente e esperar pela hora certa para o seu negócio prosperar. Ele continuou trabalhando duro e procurando maneiras de melhorar seu negócio. Isaac economizou dinheiro onde pôde e cortou custos desnecessários.

Com o tempo, Isaac começou a ver os resultados de seu trabalho árduo e paciência. Seu negócio começou a crescer e ele conseguiu atrair mais clientes. Ele expandiu sua linha de produtos e contratou funcionários para ajudá-lo. Com o tempo, o negócio de Isaac se tornou um dos mais bem-sucedidos da região.

A história de Isaac destaca a importância da paciência na cultura judaica. Os judeus acreditam que a paciência é uma virtude que é necessária para alcançar o sucesso em todas as áreas da vida, incluindo finanças e empreendedorismo. A paciência é vista como uma característica essencial para alcançar a estabilidade financeira e o sucesso nos negócios.

A paciência é especialmente importante quando se trata de investimentos financeiros. Os judeus são conhecidos por sua abordagem conservadora em relação aos investimentos. Eles preferem investir em oportunidades que oferecem retornos estáveis e consistentes a longo prazo, em vez de buscar ganhos rápidos a curto prazo. Isso exige paciência e perseverança para permanecer comprometido com esses investimentos a longo prazo, mesmo quando o mercado apresenta flutuações.

Além disso, a paciência também é valorizada na caridade e na ajuda ao próximo. Os judeus acreditam que é importante ajudar os menos afortunados, e essa ajuda pode levar tempo para produzir resultados positivos. A paciência é necessária para trabalhar em projetos de caridade a longo prazo e para ter a disposição de esperar pelos resultados.

Em resumo, a sabedoria da paciência é uma parte importante da cultura judaica. A paciência é vista como uma virtude essencial para alcançar o sucesso em finanças e empreendedorismo, e também na caridade e ajuda ao próximo. Os judeus são conhecidos por sua abordagem conservadora aos investimentos e preferem investir a longo prazo, exigindo paciência e perseverança. A história de Isaac ilustra a importância da paciência e perseverança na busca do sucesso financeiro e empresarial.

Na cultura judaica, a paciência é uma virtude muito valorizada e é conhecida em hebraico como "savlanut" (סבלנות). A palavra savlanut tem sua raiz na palavra "saval" (סבל), que significa "suportar" ou "tolerar". Assim, a paciência é vista como a capacidade de suportar ou tolerar situações difíceis ou demoradas.

Na tradição judaica, a paciência é considerada uma das características mais importantes de uma pessoa sábia. Os sábios judaicos enfatizam que a paciência é uma virtude que deve ser praticada em todos os aspectos da vida, inclusive nas finanças. Eles acreditam que a paciência é fundamental para o sucesso financeiro a longo prazo e para alcançar a estabilidade financeira.

Um exemplo de como a paciência é valorizada na cultura judaica é a história bíblica de José, filho de Jacó. José foi vendido como escravo pelos seus próprios irmãos e levado para o Egito, onde se tornou um escravo do faraó. Mesmo em meio a todas as dificuldades, José manteve sua paciência e perseverança, o que o levou a ser elevado a uma posição de poder e autoridade no Egito. Sua paciência e sabedoria financeira foram fundamentais para salvar o povo egípcio da fome.

Na cultura judaica, a paciência também está diretamente relacionada com a ideia de "bitachon" (בטחון), que significa confiança ou segurança. Os sábios judaicos ensinam que, para ter uma vida financeira saudável, é necessário confiar em D'us e ter a certeza de que Ele irá prover o necessário. Ter paciência e confiar em D'us significa evitar tomar decisões precipitadas e acreditar que o sucesso financeiro é um processo gradual e constante.

A paciência na cultura judaica também está relacionada com o conceito de "menuchat hanefesh" (מנוחת הנפש), que significa tranquilidade ou paz interior. Os sábios judaicos ensinam que a paciência é fundamental para alcançar a tranquilidade interior, que é um estado de espírito necessário para tomar decisões financeiras sábias e conscientes.

A paciência também está relacionada com o conceito de "atzlachah" (הצלחה), que significa sucesso. Os sábios judaicos ensinam que a paciência é um fator crucial para alcançar o sucesso financeiro a longo prazo. Isso significa evitar tomar decisões precipitadas e ter a paciência necessária para esperar e analisar as oportunidades financeiras que surgem.

Na cultura judaica, a paciência é vista como uma virtude fundamental para o sucesso financeiro. Ela está relacionada com a ideia de suportar ou tolerar situações difíceis ou demoradas, e é considerada uma das características mais importantes de uma pessoa sábia. A paciência está diretamente relacionada com a confiança em D'us, a tranquilidade interior e o sucesso financeiro a longo prazo.

CAPÍTULO 13: A INFLUÊNCIA DA COMUNIDADE NA PROSPERIDADE JUDAICA

Há uma história famosa na comunidade judaica que ilustra a importância da comunidade na prosperidade de seus membros. A história é sobre um homem que chegou a uma nova cidade sem dinheiro ou conexões, mas com habilidades de joalheiro. Ele foi recebido pela comunidade judaica local e foi imediatamente ajudado por um rico negociante de diamantes que o ajudou a montar uma pequena loja. A comunidade local, sabendo da habilidade do joalheiro, rapidamente começou a encaminhar seus amigos e familiares para sua loja. Dentro de alguns anos, o joalheiro havia construído um negócio próspero e tornou-se uma parte valiosa da comunidade.

Esta história é um exemplo claro de como a comunidade judaica pode ser uma fonte de apoio e prosperidade. A comunidade forneceu ao joalheiro o suporte financeiro inicial de que ele precisava para começar seu negócio e, em seguida, continuou a apoiá-lo por meio de seus negócios e conexões. Sem a ajuda da comunidade, o joalheiro poderia ter lutado para sobreviver e prosperar em uma cidade estranha.

Essa história é apenas uma das muitas que demonstram a influência positiva que a comunidade judaica pode ter na prosperidade de seus membros. A comunidade judaica é conhecida por ser fortemente unida e solidária, e muitas vezes trabalha em conjunto para apoiar e ajudar seus membros. Desde tempos antigos, os judeus têm se reunido em sinagogas e outros locais de reunião comunitária, onde podem se conectar uns com os outros e trabalhar em prol do bem comum.

Além disso, a comunidade judaica tem sido historicamente envolvida em muitas formas de caridade e filantropia. Os judeus têm uma longa tradição de ajudar os necessitados, e isso muitas vezes é feito através de organizações e fundos de caridade comunitários. Esses fundos fornecem assistência financeira a membros da comunidade que estão passando por dificuldades e ajudam a garantir que ninguém fique para trás.

A comunidade judaica também desempenha um papel importante na orientação e apoio aos empreendedores locais. Muitas vezes, os judeus que desejam iniciar um negócio podem encontrar suporte e orientação por meio de organizações comunitárias locais, como a Câmara de Comércio Judaica. Essas organizações oferecem networking, mentoria e outros recursos que podem ajudar os empreendedores a ter sucesso em seus empreendimentos.

Em resumo, a influência da comunidade judaica na prosperidade de seus membros é enorme. Através do suporte financeiro, networking, filantropia e orientação, a comunidade judaica pode ajudar seus membros a prosperar e ter sucesso em seus empreendimentos. Além disso, a forte conexão comunitária entre os judeus pode fornecer um senso de apoio e segurança que é inestimável para aqueles que buscam sucesso financeiro e pessoal.

Outra história inspiradora sobre a influência da comunidade na prosperidade judaica é a do empresário e filantropo Michael

Steinhardt.

Steinhardt nasceu em uma família judaica em Nova York em 1940. Desde jovem, ele mostrou um talento natural para negociações e investimentos. Ele frequentou a Universidade da Pensilvânia, onde se formou em economia.

Após a faculdade, Steinhardt começou a trabalhar como analista de ações na corretora Loeb Rhodes & Co. Ele rapidamente se destacou e foi promovido a gerente de fundos. Em 1967, ele fundou a Steinhardt Partners, uma empresa de investimentos que se tornou uma das mais bem-sucedidas da história de Wall Street.

Além de seu sucesso nos negócios, Steinhardt sempre foi um defensor da comunidade judaica. Ele serviu em várias organizações judaicas e filantrópicas, incluindo a Federação Judaica de Nova York e o Conselho Nacional Judaico.

Em 1995, Steinhardt e sua esposa Judy fundaram a Fundação Steinhardt, uma organização filantrópica dedicada à educação judaica e ao fortalecimento da identidade judaica. A fundação apoiou muitos projetos e iniciativas em todo o mundo, incluindo escolas judaicas, programas de estudos judaicos e projetos de preservação da cultura judaica.

Steinhardt também foi um dos principais patrocinadores do Birthright Israel, um programa que oferece viagens gratuitas a Israel para jovens judeus de todo o mundo. Desde sua fundação em 1999, o Birthright Israel já levou mais de 700.000 jovens judeus a Israel, com o objetivo de fortalecer sua conexão com a terra, a história e a cultura judaicas.

A história de Michael Steinhardt é um exemplo inspirador da influência positiva que a comunidade pode ter na prosperidade judaica. Sua dedicação ao sucesso financeiro e à filantropia judaica são um testemunho da importância de trabalhar em conjunto para promover a identidade e a prosperidade judaicas.

Na cultura judaica, a comunidade é vista como um aspecto fundamental para a prosperidade financeira. A palavra hebraica para comunidade é "kehilá" (קהילה) e representa a união de indivíduos com interesses e valores em comum. Na tradição judaica, a comunidade é responsável pelo bem-estar dos seus membros, inclusive no âmbito financeiro.

Uma das formas em que a comunidade judaica promove a prosperidade financeira é por meio de uma prática chamada "gemach" (גמ"ח), que é uma sigla em hebraico que significa "gemilut chassadim" (חסדיםגמילות), ou seja, "ato de bondade". O gemach é uma espécie de banco comunitário que oferece empréstimos sem juros para seus membros em necessidade, sendo um exemplo de apoio financeiro mútuo entre membros de uma comunidade.

Outra forma em que a comunidade judaica influencia a prosperidade financeira é por meio da prática da "tzedaká" (צדקה), que significa "caridade" ou "justiça". A tzedaká é um princípio fundamental na cultura judaica, que incentiva a doação de recursos financeiros para ajudar os menos favorecidos e garantir a igualdade social. É comum em comunidades judaicas ao redor do mundo a criação de fundos de caridade para ajudar membros necessitados e causas sociais.

Além disso, a comunidade judaica valoriza a educação financeira e incentiva a transmissão de conhecimentos sobre finanças entre seus membros. A palavra hebraica para educação é "chinuch" (חינוך) e é vista como uma responsabilidade não só dos pais, mas também da comunidade. As escolas judaicas ensinam não só sobre as tradições e valores judaicos, mas também sobre a importância do planejamento financeiro, investimentos e doações.

Por fim, a comunidade judaica incentiva o empreendedorismo e o trabalho árduo como meios para a prosperidade financeira. A palavra hebraica para empreendedorismo é "hityashvut" (התיישבות), que significa "assentamento" e representa o esforço para criar novas comunidades e negócios em áreas desafiadoras. A comunidade judaica sempre teve uma forte presença em áreas de comércio e negócios, sendo empreendedores e comerciantes bem-sucedidos em diversos países ao redor do mundo.

Em resumo, a comunidade é vista como um aspecto fundamental na cultura judaica para a prosperidade financeira. Através de práticas como gemach, tzedaká, educação financeira, empreendedorismo e trabalho árduo, a comunidade judaica é capaz de promover a igualdade social e a prosperidade financeira entre seus membros.

CAPÍTULO 14: A IMPORTÂNCIA DA CONFIANÇA EM DEUS NA CULTURA JUDAICA

Há uma história famosa na cultura judaica que ilustra a importância da confiança em Deus e como essa crença pode levar à prosperidade. A história é sobre o rabino Israel Salanter, um renomado líder religioso e filósofo do século XIX.

Em uma ocasião, um de seus alunos veio até ele em desespero, alegando que sua pequena mercearia estava falindo e ele não conseguia encontrar uma maneira de salvar o negócio. O rabino perguntou ao aluno como ele administrava suas finanças e descobriu que o homem costumava dar crédito aos clientes, muitos dos quais não pagavam suas dívidas. O rabino aconselhou-o a parar de dar crédito e confiar em Deus para fornecer-lhe o suficiente para o dia a dia.

O aluno seguiu o conselho do rabino e, surpreendentemente, seus negócios começaram a prosperar. Os clientes, ao saberem que não poderiam mais obter crédito, começaram a pagar em dinheiro vivo e as dívidas pendentes foram finalmente quitadas. O homem ficou impressionado com a maneira como sua vida mudou ao confiar em Deus e seguir os ensinamentos do rabino.

A história de Israel Salanter e seu conselho ao aluno é um exemplo de como a confiança em Deus é valorizada na cultura judaica. Essa crença é baseada na ideia de que Deus é o provedor de todas as coisas e que, se confiarmos nele e seguirmos seus mandamentos, Ele nos abençoará com abundância e prosperidade.

Essa ideia é expressa em muitas passagens da Torá e é uma parte fundamental da cultura judaica. A confiança em Deus não é apenas importante para a prosperidade financeira, mas também é vista como um meio de obter paz interior e felicidade. Quando confiamos em Deus e seguimos Seus ensinamentos, podemos viver com mais tranquilidade, sabendo que estamos em boas mãos e que tudo está sob controle divino.

Essa crença também é expressa em muitas práticas religiosas judaicas, como a oração e a observância do Shabat. Durante a oração, os judeus pedem a Deus por ajuda e orientação em suas vidas, enquanto a observância do Shabat é uma oportunidade de descanso e renovação, permitindo que as pessoas se concentrem em sua fé e confiança em Deus.

Em resumo, a importância da confiança em Deus na cultura judaica é fundamental para a prosperidade e bem-estar pessoal e financeiro. Essa crença é expressa em muitas passagens da Torá e é valorizada em práticas religiosas diárias. Seguir os ensinamentos de Deus e confiar em Sua orientação é visto como a chave para uma vida plena e próspera na cultura judaica.

A confiança em Deus é um princípio central na cultura e na religião judaica, expresso pela palavra hebraica "bitachon" (בִּטָּחוֹן). Bitachon é traduzido como confiança, fé ou segurança em Deus. É um conceito que abrange a crença de que Deus é o único controlador do mundo e que tudo o que acontece é parte do Seu plano divino.

A ideia de bitachon é frequentemente mencionada na Bíblia hebraica, incluindo o Salmo 118:8-9, que diz: "Melhor é buscar refúgio no Senhor do que confiar no homem. Melhor é buscar refúgio no Senhor do que confiar em príncipes". Isso enfatiza a importância da confiança em Deus em vez de confiar em seres humanos ou instituições.

Na cultura judaica, a confiança em Deus é considerada uma virtude que é adquirida e desenvolvida ao longo da vida. Isso significa que, ao se envolver em práticas religiosas, como a oração e o estudo da Torá, os indivíduos podem fortalecer sua confiança em Deus e sua capacidade de lidar com as dificuldades da vida.

Além disso, a confiança em Deus está ligada ao conceito de "emunah" (אֱמוּנָה), que significa crença ou fé. Emunah é outro princípio central na cultura judaica e se refere à crença em Deus como uma força ativa e presente no mundo. Através da emunah, os judeus acreditam que podem experimentar a presença de Deus em suas vidas cotidianas e que Ele está sempre presente para ajudá-los.

No entanto, a confiança em Deus não significa passividade ou inatividade. Na verdade, na cultura judaica, a confiança em Deus é frequentemente combinada com ação e esforço pessoal. Isso é expresso em uma frase popular em hebraico: "b'tach ba'Hashem, hishtadel gam b'ma'aseh" (בטח בה', השתדל גם במעשה), que significa "confie em Deus, mas esforce-se também".

Portanto, a confiança em Deus é vista como um complemento para a ação pessoal. Os judeus acreditam que, ao confiar em Deus e se esforçarem para alcançar seus objetivos, eles podem alcançar a prosperidade e o sucesso em suas vidas.

Em resumo, a confiança em Deus é uma parte central da cultura e religião judaica, expressa pela palavra hebraica "bitachon". Através de práticas religiosas e esforços pessoais, os judeus buscam fortalecer sua confiança em Deus e experimentar Sua presença em suas vidas cotidianas. A confiança em Deus é vista como um complemento para a ação pessoal, permitindo que os indivíduos alcancem a prosperidade e o sucesso em suas vidas.

CAPÍTULO 15: A SABEDORIA DA DISCIPLINA FINANCEIRA NA CULTURA JUDAICA

Havia um rabino judeu muito sábio que costumava ensinar seus discípulos sobre a importância da disciplina financeira na vida dos judeus. Ele contava uma história sobre um homem que recebeu uma grande quantia de dinheiro de herança e gastou tudo em pouco tempo, sem se preocupar em poupar ou investir. Quando a fortuna acabou, o homem ficou pobre e desesperado, sem ter como sustentar sua família.

O rabino explicava que a disciplina financeira é uma das principais virtudes na cultura judaica, e que ela está ligada ao conceito de "Mussar", que significa ética e moralidade. Na visão judaica, é importante que os judeus sejam disciplinados em suas finanças, para que possam ter uma vida plena e satisfatória, e também para poder ajudar aqueles que precisam.

A disciplina financeira na cultura judaica está relacionada ao conceito de "tzniut", que significa modéstia e contenção. Os judeus são ensinados a viver de forma modesta e a evitar o luxo excessivo e o desperdício de recursos. A modéstia financeira é vista como uma virtude importante, que ajuda a evitar o endividamento e a manter um estilo de vida saudável.

Além disso, a cultura judaica valoriza a importância de planejar o futuro financeiro, o que envolve poupar e investir de forma estratégica. A disciplina financeira está relacionada ao conceito de "meyased", que significa planejamento cuidadoso. Os judeus são incentivados a pensar no longo prazo e a fazer escolhas financeiras inteligentes, a fim de garantir sua segurança financeira e a de suas famílias.

A disciplina financeira também está ligada ao conceito de "heshbon hanefesh", que significa autoexame e avaliação de si mesmo. Os judeus são ensinados a refletir sobre suas escolhas financeiras e a avaliar seus gastos e investimentos de forma cuidadosa. Isso ajuda a evitar decisões impulsivas e a tomar decisões financeiras mais conscientes e informadas.

Em resumo, a disciplina financeira é uma das principais virtudes na cultura judaica, e está ligada aos conceitos de Mussar, tzniut, meyased e heshbon hanefesh. Os judeus são ensinados a viver de forma modesta, a evitar o desperdício e a fazer escolhas financeiras estratégicas, visando garantir sua segurança financeira e a de suas famílias. A disciplina financeira é vista como uma forma de viver de acordo com os princípios éticos e morais da cultura judaica, e de contribuir para a prosperidade da comunidade como um todo.

Na cultura judaica, a disciplina financeira é uma das principais virtudes a serem seguidas. Em hebraico, a palavra para disciplina é "musar", que também pode ser traduzida como "ética" ou "moralidade". Isso mostra como a disciplina financeira é vista como um valor moral a ser praticado.

Uma das principais fontes de ensinamento sobre disciplina financeira é o livro de Provérbios, que contém diversas passagens que enfatizam a importância de gerenciar bem o dinheiro.

Por exemplo, em Provérbios 21:5, está escrito: "Os planos bem pensados levam à fartura; mas o apressado sempre acaba na miséria".

Além disso, na cultura judaica, existe uma prática muito valorizada chamada "mesirut nefesh", que significa "sacrifício da alma". Isso se refere à ideia de que, em alguns casos, é necessário abrir mão de benefícios financeiros imediatos em prol de objetivos maiores e de longo prazo. Por exemplo, uma pessoa pode optar por trabalhar em um emprego menos lucrativo, mas que esteja alinhado com seus valores e propósito de vida.

Outro conceito importante na disciplina financeira judaica é a "hakarat hatov", que significa "reconhecimento do bem". Isso se refere à ideia de que é importante reconhecer e agradecer pelas bênçãos financeiras recebidas, e não apenas focar nas dificuldades ou no que ainda falta alcançar.

Outra prática comum é o "maaser", que significa "dízimo". Segundo a tradição judaica, é importante separar 10% da renda para doações e caridade. Isso ajuda a manter a disciplina financeira, pois obriga a pessoa a viver dentro de suas possibilidades e a se concentrar nas coisas que realmente importam.

A disciplina financeira também é enfatizada na gestão de negócios na cultura judaica. Por exemplo, um dos princípios do "tzniut", que se refere à modéstia, é a ideia de não gastar mais do que se tem. Isso significa que um negócio deve ser administrado com responsabilidade financeira, sem se endividar ou gastar além de suas possibilidades.

Em resumo, a disciplina financeira é uma virtude muito valorizada na cultura judaica, sendo vista como uma questão de ética e moralidade. Ela envolve práticas como a gestão responsável do dinheiro, a prática do "mesirut nefesh", o reconhecimento das bênçãos recebidas, a separação de parte da renda para caridade e a gestão responsável de negócios.

CAPÍTULO 16: A HISTÓRIA DO POVO JUDEU NA BANCA E NAS FINANÇAS

Há muitas histórias fascinantes sobre o povo judeu e sua influência nas finanças e na banca ao longo dos séculos. Uma história interessante é a de Mayer Amschel Rothschild, um judeu alemão que fundou a dinastia bancária Rothschild no final do século XVIII.

Rothschild nasceu em 1744 em Frankfurt, na Alemanha, em uma família judia de banqueiros. Aos 13 anos, ele começou a trabalhar como aprendiz em uma loja de moedas, onde adquiriu um amplo conhecimento sobre a troca de moedas e metais preciosos.

Em 1760, Rothschild foi enviado a Hanover para trabalhar como caixeiro-viajante para um banqueiro local. Lá, ele fez contatos importantes e aprendeu a falar inglês e francês fluentemente. Em 1764, ele voltou para Frankfurt e fundou sua própria empresa de troca de moedas, que logo se tornou uma das mais bem-sucedidas da cidade.

Em 1798, a França revolucionária invadiu Frankfurt e Rothschild teve que fugir para a cidade vizinha de Kassel. Lá, ele estabeleceu sua base de operações e começou a emprestar dinheiro para governos e famílias nobres europeias.

Rothschild e seus cinco filhos expandiram rapidamente seus negócios por toda a Europa, financiando projetos de infraestrutura, como ferrovias e portos, e investindo em empresas em ascensão, como a Companhia das Índias Orientais. Eles também foram pioneiros na emissão de títulos governamentais, que se tornaram uma ferramenta essencial para financiar as guerras e a expansão imperialista do século XIX.

A dinastia Rothschild se tornou uma das mais ricas e poderosas da Europa, com filiais em todo o continente. Eles também se destacaram por sua filantropia, apoiando causas como a emancipação dos judeus na Europa e a fundação de Israel como um estado judaico.

A história de Mayer Amschel Rothschild e sua dinastia bancária ilustra a influência significativa que os judeus tiveram no mundo das finanças e da banca. De fato, muitos dos principais nomes e empresas financeiras ao redor do mundo têm origem judaica, incluindo Goldman Sachs, Lehman Brothers e JPMorgan Chase.

Essa história é um exemplo de como a cultura judaica valoriza a educação financeira e a habilidade para empreender, além de incentivar a filantropia e a responsabilidade social. Os judeus acreditam que a prosperidade financeira não é apenas uma questão de riqueza material, mas também de ética e valores, que devem ser usados para fazer o bem na sociedade em geral.
A história do povo judeu na banca e nas finanças é bastante rica e complexa. Desde tempos antigos, os judeus têm sido conhecidos por sua habilidade em negociações e finanças, e muitos deles se destacaram nesse campo.

Em hebraico, a palavra para banco é "beit ha-mishpat", que significa literalmente "casa de justiça". Isso reflete a importância da ética e da justiça nas transações financeiras, que sempre foram um valor central na cultura judaica. Além disso, a palavra hebraica para dinheiro é "kesef", que tem a mesma raiz que a palavra "kisufim", que significa "desejos". Isso destaca a ideia de que o dinheiro é apenas um meio para realizar nossos desejos, e não um fim em si mesmo.

Na Idade Média, muitos judeus se tornaram banqueiros e financistas importantes na Europa. Por causa das leis cristãs que proibiam o empréstimo com juros, muitos reis e nobres recorriam aos banqueiros judeus para obter empréstimos. Os judeus eram capazes de contornar essas leis usando diferentes táticas, como emprestar dinheiro para igrejas e conventos em troca de juros, ou fornecer empréstimos a taxas mais altas para não-judeus que não eram afetados pelas leis cristãs.

Durante a Idade Moderna, muitos judeus emigraram para os Estados Unidos e se envolveram no mundo dos negócios e das finanças. Alguns dos mais famosos banqueiros judeus incluem Mayer Amschel Rothschild, fundador da dinastia bancária Rothschild, e Marcus Goldman, fundador da Goldman Sachs.

Hoje em dia, os judeus continuam a se destacar no mundo das finanças, e muitos têm se envolvido em empreendedorismo e startups tecnológicas. A palavra hebraica para empreendedorismo é "hitpatchut", que tem a mesma raiz que a palavra "patuach", que significa "aberto". Isso reflete a ideia de que o empreendedorismo envolve estar aberto a novas oportunidades e ideias, bem como correr riscos para alcançar o sucesso.

Em resumo, a história do povo judeu na banca e nas finanças é marcada por sua habilidade em negociações, ética e justiça nas transações financeiras. Desde tempos antigos até os dias atuais, os judeus têm se destacado nesse campo, contribuindo significativamente para a economia global.

CAPÍTULO 17: A IMPORTÂNCIA DA VISÃO DE LONGO PRAZO NA CULTURA JUDAICA

Era uma vez, em uma pequena vila judaica, vivia um sábio chamado Avraham. Ele era conhecido por sua sabedoria e habilidade em administrar seus negócios com maestria. As pessoas da comunidade sempre buscavam seus conselhos quando se tratava de assuntos financeiros.

Em uma tarde ensolarada, um jovem empreendedor chamado Yitzhak foi até Avraham em busca de orientação. Ele estava preocupado com seu futuro financeiro e queria aprender com a sabedoria de Avraham. Avraham, com um sorriso caloroso, acolheu Yitzhak e começou a compartilhar sua visão de longo prazo. Ele disse: "Yitzhak, na cultura judaica, valorizamos a visão de longo prazo como uma chave para o sucesso financeiro. Devemos pensar além do momento presente e planejar cuidadosamente nossos investimentos e negócios para colher benefícios no futuro". Yitzhak estava intrigado e pediu que Avraham compartilhasse algumas lições práticas sobre o tema. Avraham acenou com a cabeça e começou a compartilhar palavras de sabedoria, utilizando também algumas frases em hebraico para ilustrar seu ponto de vista:

הכנסות עתידיות (Haknassot Atidiot) - Rendas Futuras: Devemos investir em oportunidades que nos proporcionem renda a longo prazo. Plantar sementes hoje para colher frutos amanhã.

נטיעת אילנות (Netiat Eilanot) - Plantio de Árvores: Assim como plantar uma árvore requer paciência e cuidado, nossos investimentos também exigem tempo para crescer e prosperar.

תמיכה משפחתית (Tmicha Mishpachtit) - Apoio Familiar: Devemos envolver nossa família em nossos empreendimentos, criando uma base sólida que perdure por gerações.

הבניה המתמידה (Habinyah Hamitamida) - Construção Perseverante: Assim como uma construção sólida requer esforço contínuo, devemos persistir em nossos esforços financeiros, mesmo diante de desafios.

חקיקת מסלול (Hakikat Mislul) - Traçar um Caminho: Devemos definir metas claras e criar um plano estratégico para alcançá-las, guiados pela visão de longo prazo.

התמדה (Hitmadut) - Perseverança: A perseverança é essencial para superar obstáculos e continuar avançando em direção aos nossos objetivos financeiros.

אמונה (Emunah) - Fé: Acreditar em nossas capacidades e ter fé em um futuro próspero nos dá a motivação e a confiança necessárias para seguir em frente.

Yitzhak absorveu cada palavra de Avraham e sentiu-se inspirado pela sabedoria transmitida

CAPÍTULO 18: A SABEDORIA DO PLANEJAMENTO SUCESSÓRIO NA CULTURA JUDAICA

Havia um empresário judeu muito bem sucedido que, ao chegar aos 70 anos, decidiu planejar seu sucessório. Ele era o fundador e CEO de uma grande empresa, que empregava centenas de pessoas e tinha uma ampla rede de negócios em todo o mundo. Ele queria garantir que a empresa continuasse a crescer e prosperar depois de sua aposentadoria e eventual falecimento.

O empresário chamou seus filhos e netos para uma reunião, na qual explicou sua visão e seus planos. Ele queria garantir que sua família estivesse preparada para assumir a empresa após sua partida, sem causar perturbações ou conflitos internos. Ele reconheceu que a sucessão era um processo delicado e complexo, que envolvia muitas questões legais, financeiras e emocionais.

O empresário decidiu criar um plano sucessório detalhado, que incluía a criação de um conselho de administração independente, a nomeação de um sucessor imediato, a transferência gradual de responsabilidades e o estabelecimento de um fundo de investimento para garantir a sustentabilidade financeira da empresa a longo prazo. Ele também se certificou de que seus filhos e netos estivessem cientes de suas decisões e concordassem com elas.

Este é um exemplo de como a cultura judaica valoriza o planejamento sucessório como uma parte importante da gestão financeira e patrimonial. O planejamento sucessório é uma forma de garantir que o patrimônio e a herança sejam transmitidos de forma ordenada e eficiente, minimizando conflitos e garantindo a continuidade dos negócios e da prosperidade familiar.

Em hebraico, o termo para planejamento sucessório é "Hafatzat Yerushah", que significa "distribuição da herança". Este conceito é baseado na Torá, que ensina que é responsabilidade do patriarca da família garantir que seus bens e riquezas sejam passados adiante de forma justa e equitativa.

Além disso, a cultura judaica também enfatiza a importância de se fazer um testamento, ou "Tzava'ah", que é uma declaração escrita das últimas vontades e desejos do falecido. Um testamento é uma forma de garantir que a vontade do falecido seja respeitada e que seus bens sejam distribuídos de acordo com suas instruções.

O planejamento sucessório também pode incluir a criação de fundos de caridade ou "Tzedakah", que são uma forma de garantir que a generosidade e o compromisso com o bem-estar da comunidade continuem após a morte do patriarca da família. A Tzedakah é uma parte fundamental da cultura judaica, que ensina que aqueles que têm recursos devem compartilhá-los com os menos afortunados.

Em resumo, o planejamento sucessório é uma parte essencial da cultura e da sabedoria financeira judaica. Ele enfatiza a importância da distribuição justa e ordenada da herança, da criação de um testamento claro e da continuidade da generosidade e compromisso com a Tzedakah.

Na cultura judaica, o planejamento sucessório é chamado de "halachic will" ou "testamento halachico". Este documento é uma declaração escrita pelo testador, com a ajuda de um rabino ou advogado especializado em leis judaicas, que estabelece como seus bens serão distribuídos após a sua morte.

Existem várias leis judaicas que devem ser consideradas no processo de planejamento sucessório. Uma delas é a lei da "herança igualitária", que estabelece que todos os filhos do falecido devem receber uma parte igual de sua herança, exceto em casos específicos, como quando um filho é desqualificado por razões legais ou religiosas.

Outra lei importante é a lei da "ketubah", que é um contrato de casamento que estabelece a obrigação do marido em fornecer suporte financeiro à sua esposa durante o casamento e em caso de divórcio. É importante que o planejamento sucessório leve em consideração a obrigação de cumprir com a ketubah e assegurar que a esposa receba a sua parte justa da herança.

Além disso, a lei judaica também exige que a herança seja distribuída de acordo com os desejos do falecido, desde que estes não violem nenhuma das leis judaicas. Por exemplo, um testamento que desrespeita a igualdade na distribuição da herança entre os filhos pode ser considerado inválido pela lei judaica.

Outro aspecto importante a ser considerado no planejamento sucessório é a doação de caridade. A cultura judaica valoriza a doação de caridade como uma forma de expressar gratidão por bênçãos recebidas e ajudar aqueles que precisam. Muitos judeus incluem a doação de caridade em seus testamentos, estabelecendo uma parte específica da sua herança para ser doada para organizações de caridade ou instituições de caridade judaicas.

É importante ressaltar que o planejamento sucessório na cultura judaica não se limita apenas à distribuição de bens materiais. Também pode incluir a nomeação de um executor para lidar com os assuntos financeiros do falecido, bem como instruções sobre o funeral e o enterro.

Em resumo, o planejamento sucessório na cultura judaica é uma prática importante que envolve a consideração de várias leis judaicas e valores culturais. É essencial que os judeus planejem com antecedência a forma como seus bens serão distribuídos após a sua morte, levando em conta os desejos do falecido e as leis judaicas aplicáveis. A doação de caridade também é uma prática valorizada e pode ser incluída no planejamento sucessório como uma forma de expressar gratidão e ajudar aqueles que precisam.

Claro, aqui estão 7 soluções práticas baseadas na sabedoria do planejamento sucessório na cultura judaica:

1. Crie um testamento: Esse é o primeiro passo para planejar seu patrimônio e garantir que seus desejos sejam atendidos após sua morte. Um testamento permite que você escolha quem receberá seus bens, incluindo sua casa, carros, investimentos, joias e outros ativos.
2. Nomeie um executor: Selecione uma pessoa de confiança para ser o executor de seu testamento. Essa pessoa será responsável por gerenciar e distribuir seus bens de acordo com as instruções em seu testamento.
3. Considere um testamento vital: Um testamento vital é um documento legal que estabelece seus desejos em relação a tratamentos médicos, caso você se torne incapaz de tomar decisões por si mesmo. Isso pode incluir a escolha de um representante para tomar decisões médicas em seu nome.
4. Crie um fundo de confiança: Um fundo de confiança é um veículo legal que permite que você transfira ativos para um beneficiário específico, enquanto ainda mantém

controle sobre eles durante sua vida. Isso pode ser útil para preservar seus ativos para a próxima geração.
5. Considere uma doação de caridade: Além de deixar seus bens para seus herdeiros, considere doar uma parte do seu patrimônio para caridade. Isso não só ajuda a beneficiar a comunidade, mas também pode ajudar a reduzir sua carga fiscal.
6. Planeje sua sucessão em vida: Considere iniciar um plano de sucessão em vida. Isso envolve transferir gradualmente seus bens para seus herdeiros enquanto você ainda está vivo, para que você possa supervisionar a transição e garantir que seja feita da maneira que você deseja.
7. Consulte um profissional: Finalmente, considere consultar um profissional de planejamento financeiro ou um advogado especializado em planejamento sucessório. Eles podem ajudá-lo a criar um plano abrangente que atenda às suas necessidades específicas e garantir que seus desejos sejam atendidos.

CAPÍTULO 19: A INFLUÊNCIA DA INOVAÇÃO NA PROSPERIDADE JUDAICA

Há muitas histórias que destacam a influência da inovação na prosperidade judaica, mas uma das mais famosas é a história da família Rothschild. Durante o final do século XVIII e início do século XIX, a família Rothschild, liderada por Mayer Amschel Rothschild, estabeleceu uma rede de bancos em toda a Europa. O sucesso de seus negócios se deveu em grande parte à sua habilidade em inovar e adotar tecnologias avançadas da época.

Uma das inovações mais importantes introduzidas pelos Rothschilds foi o uso de pombos-correios para enviar informações entre seus bancos. Antes disso, as informações precisavam ser enviadas por mensageiros a cavalo, o que era caro e demorado. Com os pombos-correios, as informações podiam ser transmitidas com rapidez e segurança, permitindo que a família Rothschild respondesse rapidamente às mudanças do mercado financeiro.

Outra inovação importante foi o uso de notícias de última hora para tomar decisões de investimento. A família Rothschild estabeleceu uma rede de correios privados e agentes em toda a Europa, que coletavam notícias de última hora sobre eventos políticos e militares. Usando essa informação privilegiada, os Rothschilds puderam tomar decisões de investimento informadas antes que outras pessoas no mercado soubessem o que estava acontecendo.

Essas inovações permitiram que a família Rothschild se tornasse uma das mais bem-sucedidas no mundo dos negócios, acumulando uma grande riqueza e influência na Europa. A história da família Rothschild destaca a importância da inovação na prosperidade judaica e empreendedorismo.

A cultura judaica sempre valorizou a inovação e a criatividade como forma de prosperar financeiramente e contribuir para a sociedade. A palavra hebraica para inovação é "Chadashut" (חדשות), que tem como raiz a palavra "Chadash" (חדש), que significa novo.

Um exemplo de inovação na cultura judaica é o desenvolvimento do comércio marítimo durante a Idade Média. Com o aumento do comércio entre o Oriente e o Ocidente, os judeus desenvolveram uma rede comercial que se estendia desde a Índia até a Europa. Eles utilizavam rotas comerciais terrestres e marítimas para transportar mercadorias, tornando-se especialistas em finanças e comércio internacional. Essa inovação permitiu aos judeus prosperarem financeiramente e estabelecerem comunidades prósperas em diversas partes do mundo.

Outro exemplo é a inovação na tecnologia. Empresas fundadas por judeus, como Google, Intel e Microsoft, têm sido líderes na inovação tecnológica em todo o mundo. Essas empresas criaram soluções tecnológicas que transformaram a maneira como as pessoas se comunicam, trabalham e interagem.

A cultura judaica também valoriza a criatividade e o empreendedorismo como forma de inovação. A palavra hebraica para empreendedorismo é "Chutzpah" (חוצפה), que pode ser traduzida como "ousadia" ou "descaramento". Na cultura judaica, ser empreendedor é visto como algo positivo, pois é necessário coragem e ousadia para inovar e criar algo novo.

Além disso, a cultura judaica incentiva a aprendizagem contínua como forma de estimular a inovação. A palavra hebraica para aprendizado é "Limud" (לימוד), que significa estudo ou aprendizado. Os judeus têm uma longa tradição de estudo e pesquisa, o que lhes permitiu criar soluções inovadoras em diversas áreas.

Outra forma de inovação na cultura judaica é a capacidade de se adaptar a situações desafiadoras. A palavra hebraica para adaptação é "Shinui" (שינוי), que significa mudança. Os judeus têm uma longa história de enfrentar adversidades e se adaptar a novas realidades. Eles aprenderam a se reinventar diante de situações desafiadoras, criando soluções inovadoras para superar as dificuldades.

Por fim, a cultura judaica valoriza a colaboração como forma de inovação. A palavra hebraica para colaboração é "Shutafut" (שותפות), que significa parceria ou sociedade. Os judeus valorizam a colaboração e a cooperação como forma de criar soluções inovadoras em conjunto.

Em resumo, a cultura judaica valoriza a inovação e a criatividade como forma de prosperar financeiramente e contribuir para a sociedade. A inovação pode ser alcançada por meio do empreendedorismo, da capacidade de se adaptar a situações desafiadoras, da aprendizagem contínua, da colaboração e da coragem de criar aqui estão sete soluções práticas baseadas na influência da inovação na prosperidade judaica:

1. Esteja sempre procurando por novas oportunidades: Os judeus sempre estiveram dispostos a experimentar coisas novas e assumir riscos. Isso os levou a criar muitas das empresas e indústrias mais bem-sucedidas do mundo. Mantenha-se atualizado sobre novas tecnologias, tendências e oportunidades e esteja disposto a tentar algo novo.
2. Mantenha-se aberto a mudanças: A inovação requer que você esteja disposto a mudar sua forma de pensar e se adaptar a novas ideias. Esteja disposto a abandonar velhos hábitos e formas de fazer as coisas e esteja aberto a novas abordagens.
3. Encoraje a criatividade: A criatividade é a chave para a inovação. Encoraje a criatividade em si mesmo e nos outros ao seu redor. Tente pensar fora da caixa e encontrar novas soluções para problemas.
4. Cultive parcerias e conexões: A inovação muitas vezes resulta de colaborações e conexões com outras pessoas. Construa relacionamentos fortes com outras pessoas em sua indústria ou comunidade e esteja disposto a trabalhar em equipe para alcançar objetivos comuns.
5. Aprenda com os fracassos: A inovação envolve tentativa e erro, e isso significa que você provavelmente enfrentará alguns fracassos ao longo do caminho. Em vez de ficar desanimado, use cada fracasso como uma oportunidade de aprendizado. Analise o que deu errado e use essa informação para ajustar e melhorar sua abordagem.
6. Esteja disposto a investir tempo e recursos: A inovação muitas vezes requer investimento significativo de tempo e recursos. Esteja disposto a investir em pesquisa e desenvolvimento, bem como em ferramentas e tecnologias que o ajudarão a levar sua inovação adiante.

7. Mantenha o foco no longo prazo: A inovação não acontece da noite para o dia. Mantenha-se focado em seus objetivos de longo prazo e esteja disposto a trabalhar duro e persistir mesmo quando enfrentar obstáculos ou fracassos temporários. Lembre-se de que a inovação é um processo contínuo e que os resultados podem levar tempo para aparecer.

CAPÍTULO 20: A IMPORTÂNCIA DA HONESTIDADE NA CULTURA JUDAICA

Há uma história sobre o rabino Yisroel Salanter, um líder religioso judeu do século XIX conhecido por sua ênfase na ética e moralidade.

Certa vez, um homem foi procurá-lo pedindo um conselho. Ele trabalhava como vendedor e estava tendo dificuldades para competir com os outros vendedores em sua região, pois não estava disposto a mentir ou exagerar sobre os produtos que vendia. Ele se sentia desonesto e estava em conflito interno sobre como agir.

Rabino Salanter ouviu atentamente a história do homem e lhe deu um conselho que o marcou para sempre. Ele disse: "Se você quer ter sucesso em seus negócios e manter sua integridade, deve se tornar um especialista em seus produtos. Conheça cada detalhe, cada vantagem e desvantagem. Então, você poderá vender com honestidade e segurança, sem a necessidade de mentir ou exagerar."

O homem seguiu o conselho do rabino Salanter e se tornou um especialista em seus produtos. Ele era capaz de vender com honestidade e competir com seus concorrentes sem sentir a necessidade de recorrer a práticas desonestas. Eventualmente, ele se tornou muito bem-sucedido em seus negócios, ganhando a admiração e respeito de seus clientes e colegas.

Essa história ilustra a importância da honestidade na cultura judaica e em seus valores. A honestidade é vista como um valor essencial e inegociável, tanto em termos éticos quanto em termos práticos. No judaísmo, ser honesto não é apenas uma questão de ser uma boa pessoa, mas também uma questão de respeito próprio e profissionalismo.

A honestidade é valorizada em todas as áreas da vida judaica, desde os negócios até as relações pessoais. A Tora proíbe explicitamente a mentira e a desonestidade, e incentiva a transparência e a integridade em todas as ações e decisões. Para os judeus, a honestidade é mais do que uma escolha moral; é uma obrigação religiosa e cultural.

Além disso, a honestidade também é vista como um elemento crucial na construção de relacionamentos duradouros e confiáveis. A confiança é essencial para as relações pessoais e profissionais, e a honestidade é a base dessa confiança. Quando se trata de negócios, a honestidade pode ser vista como uma estratégia de longo prazo, uma vez que os clientes tendem a retornar e a recomendar serviços de pessoas que consideram confiáveis e honestas.

Em resumo, a história do rabino Salanter ilustra a importância da honestidade na cultura judaica, não apenas como um valor ético, mas também como um valor prático e profissional. A honestidade é valorizada em todas as áreas da vida, desde os negócios até as relações pessoais, e é vista como uma obrigação religiosa e cultural.
    Na cultura judaica, a honestidade é valorizada como um aspecto fundamental na vida pessoal e nos negócios. A palavra hebraica para honestidade é "yashrut" (יְשָׁרוּת) que

significa retidão e integridade.

De acordo com a tradição judaica, a honestidade é vista como um dever para com Deus e com o próximo. Isso é evidente no mandamento "não furtarás", que é um dos Dez Mandamentos da Torá. Além disso, a honestidade é considerada uma forma de demonstrar amor e respeito pelos outros.

A importância da honestidade na cultura judaica pode ser observada nas histórias e ensinamentos da tradição judaica. Por exemplo, a história do patriarca Jacó, que era conhecido por sua honestidade, é contada na Bíblia hebraica. Jacó se esforçou para ser honesto em todas as suas transações comerciais, mesmo quando isso significou que ele poderia perder dinheiro.

Além disso, a tradição judaica ensina que a honestidade é uma obrigação não apenas para com os outros, mas também para consigo mesmo. Isso significa ser honesto consigo mesmo sobre as próprias fraquezas e limitações, e trabalhar para superá-las de forma honesta e transparente.

Na cultura judaica, a honestidade é vista como um componente fundamental da justiça. A justiça é frequentemente descrita como um dos pilares do mundo, e a honestidade é vista como uma parte essencial da justiça. Os ensinamentos judaicos enfatizam que a honestidade é essencial para construir uma sociedade justa e equitativa.

Em resumo, a honestidade é vista como um valor fundamental na cultura judaica, tanto para com Deus quanto para com o próximo e para consigo mesmo. A integridade e a retidão são vistas como um componente essencial para a construção de uma sociedade justa e próspera.

    Seguem abaixo sete soluções práticas baseadas na importância da honestidade na cultura judaica que podem ser úteis para aplicar na vida pessoal:

1.   Pratique a transparência: Sempre seja aberto

e transparente em todas as suas interações pessoais e profissionais. Seja honesto sobre seus sentimentos, intenções e comportamentos.
2. Mantenha suas promessas: Cumpra as promessas que fizer, não importa o quão pequenas sejam. Se você não puder cumprir uma promessa, explique a situação e tente encontrar uma solução alternativa.
3. Seja responsável: Admita seus erros e assuma a responsabilidade por suas ações. Isso demonstra sua integridade e compromisso com a honestidade.
4. Evite a desonestidade: Não tente enganar ou manipular as pessoas para obter vantagens pessoais. Isso não é apenas desonesto, mas também prejudica a confiança que as pessoas têm em você.
5. Seja honesto consigo mesmo: Reconheça suas limitações, habilidades e fracassos com honestidade. Isso ajuda você a estabelecer metas realistas e a trabalhar em direção a objetivos alcançáveis.
6. Pratique a empatia: Tente entender o ponto de vista das outras pessoas e como suas ações podem afetá-las. Isso pode ajudá-lo a tomar decisões honestas e respeitosas.
7. Busque orientação: Se você tiver dúvidas ou estiver enfrentando uma situação desafiadora, procure conselhos de um mentor confiável, amigo ou profissional experiente. Isso pode ajudá-lo a tomar decisões honestas e a agir com integridade.

CAPÍTULO 21: A SABEDORIA DA DIVERSIFICAÇÃO FINANCEIRA NA CULTURA JUDAICA

Há uma história na cultura judaica que fala sobre um homem chamado Isaac Akrish, que viveu na cidade de Safed, no século XVI. Ele era um comerciante bem-sucedido que tinha investimentos em vários negócios, incluindo comércio de seda, produtos têxteis e especiarias.

Um dia, um incêndio destruiu a maior parte da cidade de Safed, incluindo os negócios de Isaac. Muitos dos seus amigos e colegas perderam tudo o que tinham, mas Isaac, que havia diversificado seus investimentos, conseguiu se recuperar rapidamente.

Ele tinha investido em várias cidades da região e, embora tenha perdido dinheiro em Safed, seus investimentos em outras cidades estavam rendendo bons lucros. Com isso, ele conseguiu se reerguer e continuar a prosperar financeiramente.

Essa história ilustra a importância da diversificação financeira na cultura judaica, que ensina a não colocar todos os ovos na mesma cesta. É uma sabedoria que pode ser aplicada por qualquer pessoa, independentemente da religião ou origem.

A diversificação financeira significa investir em diferentes tipos de ativos, como ações, títulos, imóveis, fundos de investimento, entre outros, de forma a reduzir os riscos e aumentar as chances de lucro. É importante lembrar que nenhum investimento é completamente seguro, e a diversificação é uma maneira eficaz de minimizar os riscos.

Além disso, é importante não investir todo o dinheiro em uma única empresa ou setor, pois isso aumenta o risco de perder tudo em caso de falência ou problemas no mercado. É preciso equilibrar os investimentos em diferentes setores e tipos de ativos, de acordo com os objetivos e perfil de cada investidor.

A diversificação financeira também envolve a adoção de diferentes estratégias de investimento, como o buy and hold, day trade, swing trade, entre outras. Cada estratégia tem suas vantagens e desvantagens, e é importante escolher aquela que melhor se adapta ao seu perfil de risco e objetivos financeiros.

Em resumo, a sabedoria da diversificação financeira na cultura judaica ensina a importância de não colocar todos os ovos na mesma cesta, e a adotar uma estratégia de investimento equilibrada e diversificada.

A diversificação financeira é um conceito importante na cultura judaica e pode ser visto em várias passagens bíblicas. O próprio hebraico, a língua sagrada do povo judeu, tem raízes em uma diversidade de línguas antigas, como o acadiano, o sumério e o egípcio.

A palavra hebraica para diversificação é "hishuléchet" (השולכת), que tem sua raiz na palavra "shulchan" (שולחן), que significa "mesa". Isso pode ser visto como uma metáfora para a diversificação financeira, onde cada item na mesa representa um investimento diferente.

Outra palavra hebraica relacionada à diversificação financeira é "bikoret" (ביקורת), que significa "análise" ou "avaliação". Isso destaca a importância de avaliar cuidadosamente as opções de investimento e considerar os riscos e benefícios antes de tomar uma decisão.

Além disso, a própria origem do hebraico como uma língua antiga com raízes em outras línguas antigas pode ser vista como uma forma de diversificação linguística. O hebraico moderno também incorpora muitas palavras emprestadas de outras línguas, como o inglês e o árabe, mostrando a importância da diversificação em várias áreas da vida.

Em resumo, a diversificação financeira é um conceito importante na cultura judaica e tem raízes linguísticas e culturais interessantes no hebraico.

aqui estão algumas soluções práticas sobre o assunto do Capítulo 21:

1. Faça uma análise de risco: Antes de investir, é importante avaliar os riscos e retornos potenciais. A diversificação não deve ser feita aleatoriamente, mas sim com base em uma estratégia bem pensada.
2. Investir em diferentes classes de ativos: A diversificação pode ser alcançada investindo em diferentes classes de ativos, como ações, títulos, imóveis e commodities. Cada classe de ativos apresenta diferentes níveis de risco e retorno potencial.
3. Investir em diferentes setores: Dentro de cada classe de ativos, é possível investir em diferentes setores. Por exemplo, dentro das ações, existem setores como tecnologia, saúde, energia, entre outros. Diversificar entre setores pode reduzir o risco de perdas em um setor específico.
4. Investir em diferentes países: Diversificar geograficamente pode ajudar a reduzir o risco de uma crise econômica ou política em um país específico afetar todo o seu portfólio.

5. Manter uma reserva de emergência: Ter uma reserva de dinheiro em um fundo de emergência pode ajudar a lidar com despesas imprevistas sem ter que vender ativos de investimento.
6. Reavaliar regularmente seu portfólio: É importante monitorar regularmente o desempenho de seus investimentos e reavaliar a diversificação. À medida que os objetivos financeiros mudam, pode ser necessário ajustar a estratégia de investimento.
7. Consulte um profissional: Para construir um portfólio de investimento diversificado e bem equilibrado, pode ser útil consultar um profissional de investimentos. Um consultor financeiro pode ajudá-lo a avaliar seus objetivos financeiros e a desenvolver uma estratégia de investimento personalizada. (lembrando o profissional tem quanto investido do seu próprio dinheiro) quando procuramos alguém que nos ensine a nadar, ele tem que saber nadar.

CAPÍTULO 22: A HISTÓRIA DO POVO JUDEU COMO INVESTIDORES IMOBILIÁRIOS

Durante o século XIX, o bairro judeu de Viena, na Áustria, passou por uma grande transformação graças ao investimento imobiliário do judeu húngaro Moritz von Kuffner. Ele adquiriu vastas áreas de terreno no bairro e construiu edifícios modernos com apartamentos espaçosos e bem equipados.

Os apartamentos foram tão bem construídos que a nobreza vienense começou a alugá-los, e o bairro judeu tornou-se rapidamente um dos bairros mais cobiçados de Viena. Com o sucesso dos seus investimentos, von Kuffner se tornou um dos homens mais ricos da cidade e deixou um grande legado imobiliário para a comunidade judaica local.

Essa história é apenas um exemplo do papel importante que o povo judeu desempenhou como investidores imobiliários ao longo da história. Desde os tempos bíblicos, quando Josué distribuiu a terra prometida entre as tribos de Israel, a propriedade e o investimento imobiliário têm sido uma parte fundamental da cultura e da economia judaicas.

Ao longo dos séculos, muitos judeus em todo o mundo investiram em propriedades, tanto comerciais quanto residenciais. Eles foram pioneiros em técnicas inovadoras, como a criação de cooperativas de habitação e o financiamento coletivo de grandes empreendimentos imobiliários.

Hoje em dia, muitos judeus continuam a investir em imóveis, e a comunidade judaica é conhecida por sua habilidade em gerenciar e investir em propriedades com sucesso.

O investimento imobiliário é um tema de grande importância na cultura e história judaica. A palavra "imóvel" tem sua origem etimológica na palavra hebraica "ne'emanim", que significa "confiável" ou "seguro". Os judeus historicamente se destacaram como investidores imobiliários, com vários exemplos ao longo dos séculos. Por exemplo, em Veneza no século XVI, a comunidade judaica era responsável por investimentos imobiliários significativos. Em 1860, a comunidade judaica em Nova York possuía 75% dos edifícios comerciais e 85% dos edifícios de apartamentos na área central da cidade.

No hebraico, a palavra "bayit", que significa "casa", é usada para se referir a uma família e à propriedade em que residem. O conceito de propriedade e de ter um lugar para chamar de lar é valorizado na cultura judaica, sendo vista como uma forma de segurança e estabilidade para a família. Essa valorização da propriedade levou muitos judeus a investir em imóveis, buscando a segurança financeira que a propriedade pode proporcionar.

Além disso, a palavra hebraica "meshulash" significa "triplo" ou "três vezes". Na cultura judaica, isso pode ser aplicado ao investimento imobiliário através da diversificação, investindo em diferentes tipos de propriedades ou em diferentes locais geográficos. Esse tipo de diversificação pode ajudar a mitigar os riscos e maximizar os retornos do investimento.

Outra palavra hebraica que tem relevância para o investimento imobiliário é "shilton", que significa "governo" ou "administração". A gestão adequada de uma propriedade é essencial para a maximização do retorno sobre o investimento. O conceito de "shilton" pode ser aplicado na gestão de propriedades, com a necessidade de uma administração competente para garantir o sucesso do investimento imobiliário.

Em resumo, a cultura e história judaica têm uma rica tradição no investimento imobiliário, sendo valorizada a segurança e estabilidade que a propriedade pode proporcionar. A diversificação e a gestão adequada também são importantes para maximizar os retornos do investimento imobiliário. O hebraico oferece insights interessantes sobre a etimologia das palavras relacionadas ao investimento imobiliário, destacando a importância desse tema para a cultura judaica.
aqui estão algumas soluções práticas sobre o assunto do Capítulo 22

1. Invista em imóveis com potencial de valorização: Assim como os judeus investidores imobiliários do passado, é importante escolher imóveis em áreas com alto potencial de crescimento e valorização. Faça uma pesquisa de mercado e considere fatores como infraestrutura, transporte e comércio local.
2. Tenha um plano de investimento claro: Antes de investir em imóveis, é importante ter um plano claro e definido. Estabeleça seus objetivos, prazos e limites de risco, e mantenha-se fiel a esse plano.
3. Faça uma análise criteriosa dos imóveis: Na hora de escolher um imóvel para investir, faça uma análise criteriosa da documentação, estrutura, localização e possíveis problemas. Considere contratar um profissional especializado para ajudá-lo nessa tarefa.
4. Diversifique seus investimentos: Como os investidores imobiliários judeus, é importante diversificar seus

investimentos em diferentes tipos de imóveis e regiões. Isso ajuda a reduzir o risco e aumentar as oportunidades de retorno.

5. Esteja atento às tendências do mercado: Acompanhe as tendências do mercado imobiliário e esteja sempre atualizado sobre as mudanças na legislação e na economia que possam afetar seus investimentos.

6. Mantenha uma reserva de emergência: Assim como em qualquer outro tipo de investimento, é importante ter uma reserva de emergência para lidar com imprevistos. Mantenha uma reserva de dinheiro para cobrir despesas inesperadas com seus imóveis.

7. Gerencie seus imóveis de forma eficiente: Para obter o máximo retorno dos seus investimentos imobiliários, é fundamental gerenciá-los de forma eficiente. Mantenha seus imóveis em bom estado, faça reparos necessários, e escolha bons inquilinos para garantir uma renda constante e um baixo risco de vacância.

CAPÍTULO 23: A IMPORTÂNCIA DO NETWORKING NA CULTURA JUDAICA

No final do século XIX, um jovem judeu chamado Mayer Rothschild deixou a cidade de Frankfurt, na Alemanha, para buscar novas oportunidades de negócios em Paris. Ele havia conseguido um emprego modesto em uma banca de câmbio, mas logo percebeu que precisava ampliar sua rede de contatos para avançar em sua carreira.

Mayer começou a frequentar as sinagogas locais e se envolver com as comunidades judaicas de Paris. Lá, ele conheceu outros empresários judeus que o ajudaram a estabelecer sua própria banca de câmbio, que se tornaria uma das mais bem-sucedidas da Europa.

Essa história é um exemplo claro da importância do networking na cultura judaica. Desde os tempos bíblicos, os judeus têm valorizado a criação de laços e conexões, tanto para fins comerciais quanto sociais.

O networking é uma habilidade fundamental para quem deseja alcançar o sucesso nos negócios, e a cultura judaica oferece diversos exemplos de como isso pode ser feito com eficiência.

O networking, ou seja, a prática de cultivar uma rede de

contatos profissionais, é um tema muito valorizado na cultura judaica e pode ser compreendido através de algumas palavras em hebraico.

Uma dessas palavras é "hevra", que significa "amizade" ou "companhia". Essa palavra também pode se referir a uma sociedade ou grupo de pessoas que trabalham juntas em um negócio ou projeto. Isso destaca a importância de estabelecer conexões fortes e duradouras com outras pessoas, não apenas para benefício pessoal, mas também para o sucesso de empreendimentos compartilhados.

Outra palavra é "achrayut", que significa "responsabilidade". Isso implica que, ao formar uma rede de contatos, é importante ser responsável pelas conexões que são feitas e garantir que essas relações sejam benéficas para ambas as partes envolvidas.

Além disso, a palavra "chesed" é frequentemente usada na cultura judaica para se referir a atos de bondade e generosidade. Ao estabelecer conexões profissionais, é importante ser generoso com seu tempo, recursos e conhecimentos para ajudar os outros e construir relações de confiança.

Por fim, a palavra "tzedakah" se refere a atos de caridade e filantropia. Ao construir uma rede de contatos, também é importante ser generoso com seu dinheiro e recursos, não apenas para ajudar os outros, mas também para construir uma reputação de confiabilidade e generosidade.

Esses conceitos destacam a importância de construir conexões significativas e autênticas com outras pessoas, não apenas para benefício pessoal, mas também para o bem-estar da comunidade em geral.
aqui estão algumas soluções práticas sobre o assunto do Capítulo 23

1. Esteja presente em eventos e encontros relacionados

à sua área de interesse e converse com pessoas para criar conexões e relacionamentos.
2. Mantenha contato com pessoas que você conheceu em eventos ou encontros anteriores, enviando e-mails ou mensagens periódicas para manter o contato e estabelecer um relacionamento duradouro.
3. Esteja aberto a ajudar os outros, pois o networking é uma via de mão dupla e a ajuda mútua pode abrir portas para oportunidades futuras.
4. Seja autêntico e genuíno nas suas interações com as pessoas, pois isso ajudará a construir relacionamentos mais sólidos e duradouros.
5. Crie um perfil profissional nas redes sociais, como o LinkedIn, e use-o para fazer conexões com pessoas da sua área de interesse e participar de grupos relevantes.
6. Ofereça-se para trabalhar em projetos voluntários ou de caridade, pois isso pode proporcionar a oportunidade de conhecer pessoas com interesses semelhantes e construir relacionamentos duradouros.
7. Seja proativo e crie oportunidades para conhecer novas pessoas, como participar de palestras, conferências e eventos de networking específicos para a sua área de interesse.

CAPÍTULO 24: A SABEDORIA DA ADAPTAÇÃO FINANCEIRA NA CULTURA JUDAICA

Durante a Idade Média, muitos judeus se estabeleceram na Península Ibérica, então governada pelos mouros islâmicos. Entre eles estava o rabino Abraham ibn Ezra, um estudioso e poeta judeu nascido na cidade de Tudela, na Espanha, em 1089.

Ibn Ezra tornou-se conhecido por suas habilidades literárias e matemáticas, além de sua erudição em filosofia e ciência. Ele também era um investidor financeiro experiente, tendo se envolvido em negociações de empréstimos e comércio de grãos.

No entanto, quando os mouros foram expulsos da Península Ibérica em 1492, muitos judeus foram forçados a fugir ou se converter ao cristianismo. Ibn Ezra escolheu a primeira opção e, aos 103 anos, deixou a Espanha rumo ao Egito, onde continuou seus estudos e escritos até sua morte em torno de 1167.

A história de Ibn Ezra demonstra a importância da adaptação financeira na cultura judaica, especialmente em tempos de incerteza e mudança. Os judeus aprenderam ao longo da história a serem flexíveis e a se adaptarem rapidamente às novas situações, o que inclui mudanças no cenário financeiro.

Em hebraico, a palavra para "adaptação" é "התאים" (hitya'em), que se deriva da raiz "תאם" (ta'am), que significa "ajustar" ou "acomodar". Isso reflete a ideia de que, para ter sucesso financeiro, é necessário estar sempre disposto a ajustar suas estratégias e métodos de investimento de acordo com as mudanças no mercado e na economia.

Além disso, a cultura judaica enfatiza a importância de ser resiliente e de enfrentar os desafios de frente. Isso significa que, em vez de se afastar do risco financeiro, os judeus têm historicamente procurado compreender e gerenciar cuidadosamente os riscos associados aos investimentos.

Portanto, para aplicar a sabedoria da adaptação financeira em suas próprias vidas, as pessoas podem considerar a importância de estar dispostas a mudar e ajustar suas estratégias financeiras em resposta a novas situações. Também é fundamental ser resiliente e enfrentar os desafios financeiros com determinação e cuidado.

Uma história que ilustra a sabedoria da adaptação financeira na cultura judaica é a do economista judeu Stanley Fischer. Fischer nasceu na Zâmbia em 1943, filho de pais judeus que fugiram da Áustria antes da Segunda Guerra Mundial. Ele estudou em Londres e obteve um PhD em economia no MIT.

Em 1988, Fischer foi nomeado vice-presidente do Banco Mundial, tornando-se o primeiro judeu a ocupar um cargo tão alto na organização. Ele também atuou como economista-chefe do Banco Mundial de 1991 a 1994.

Mais tarde, Fischer se tornou o governador do Banco Central de Israel em 2005, um cargo que ocupou até 2013. Durante seu mandato, ele conseguiu estabilizar a economia israelense, que havia sido afetada por conflitos militares e tensões geopolíticas na região. Ele também ajudou a promover reformas econômicas e fiscais que ajudaram a impulsionar o crescimento econômico de Israel.

A história de Stanley Fischer destaca a importância da adaptação financeira na cultura judaica. Fischer usou sua experiência e conhecimento em economia para ajudar a estabilizar e impulsionar a economia israelense, mesmo em um ambiente de incerteza e desafios geopolíticos. Através de sua liderança e habilidades financeiras, ele foi capaz de ajudar a garantir um futuro próspero para Israel.

O termo hebraico mais comumente usado para adaptação é התאים (hitha'im), que se deriva da raiz ת.א.ה., que significa "ajustar, adequar-se". A noção de adaptação está enraizada na cultura judaica, especialmente na diáspora, onde os judeus tiveram que se adaptar a diferentes ambientes e condições econômicas para sobreviver.

A adaptação financeira pode envolver uma variedade de estratégias, desde a diversificação de investimentos até a mudança de carreira ou empreendimento para aproveitar oportunidades emergentes. A palavra hebraica para investimento é השקעה (hishka'ah), que se origina da raiz עש.ק., que significa "afundar, inserir". Isso sugere a ideia de investir dinheiro em algo que possa afundar raízes e crescer.

Além disso, a cultura judaica valoriza a ideia de prudência financeira e responsabilidade. A palavra hebraica para responsabilidade é אחריות (achrayut), que vem da raiz ח.ר.א., que significa "depois, seguir". Isso indica a noção de que uma pessoa é responsável por suas ações e deve seguir adiante com as consequências dessas ações.

A sabedoria da adaptação financeira na cultura judaica também está relacionada à ideia de perseverança e resistência. A palavra hebraica para perseverança é סבלנות (savlanut), que se origina da raiz ב.ל.ם, que significa "suportar, aguentar". Isso implica em suportar situações difíceis com paciência e persistência, buscando soluções para superar os obstáculos.

Esses exemplos etimológicos destacam a importância da adaptação financeira na cultura judaica e como ela está enraizada na linguagem hebraica.

aqui estão algumas soluções práticas sobre o assunto do Capítulo 24

1. Analisar a situação financeira regularmente: é importante manter-se atualizado sobre sua situação financeira e realizar ajustes conforme necessário, para garantir a adaptação a diferentes cenários econômicos.
2. Desenvolver múltiplas fontes de renda: a diversificação de fontes de renda pode ajudar a garantir que você não esteja dependente de apenas uma fonte, e a adaptar-se a mudanças na economia.
3. Manter um orçamento: um orçamento claro e realista pode ajudar a monitorar os gastos e a economizar dinheiro para situações imprevistas ou para investimentos futuros.
4. Fazer uma reserva de emergência: é importante ter uma reserva financeira para emergências, como desemprego ou despesas médicas inesperadas.
5. Ser criativo em busca de novas oportunidades: em momentos de dificuldades financeiras, é preciso ser criativo em busca de novas oportunidades, seja através de novos negócios ou novas habilidades.
6. Investir em educação financeira: a educação financeira pode ajudar a desenvolver habilidades para gerir melhor o dinheiro, adaptando-se melhor às mudanças econômicas.
7. Ser flexível e adaptável: a capacidade de se adaptar às mudanças no mercado e na economia pode ser uma habilidade valiosa na busca pela estabilidade financeira.

CAPÍTULO 25: A INFLUÊNCIA DA RESPONSABILIDADE SOCIAL NA PROSPERIDADE JUDAICA

Há uma história famosa sobre um empresário judeu chamado Isaac Wolfson, que viveu de 1897 a 1991. Ele fundou a Great Universal Stores, uma empresa de varejo que se tornou uma das maiores da Grã-Bretanha. Mas o que é mais notável sobre Wolfson é seu compromisso com a responsabilidade social.

Durante a Segunda Guerra Mundial, Wolfson foi um grande doador para organizações de ajuda a refugiados, e após a guerra ele ajudou a criar a World ORT, uma organização sem fins lucrativos que fornece educação técnica e profissional para pessoas em todo o mundo. Wolfson também fundou o Wolfson Foundation, que fornece financiamento para uma ampla gama de causas, incluindo ciência, saúde, educação e artes.

Wolfson acreditava que a responsabilidade social não apenas era uma obrigação moral, mas também era crucial para o sucesso empresarial a longo prazo. Ele acreditava que a prosperidade da empresa estava diretamente ligada à prosperidade da sociedade em geral e, portanto, era importante retribuir à comunidade.

Essa história é um exemplo de como a responsabilidade social pode influenciar a prosperidade judaica.

O termo "responsabilidade social" pode ser traduzido para o hebraico como "אחריות חברתית" (achrayut hevrati), sendo "אחריות" (achrayut) o termo para "responsabilidade" e "חברתית" (hevrati) para "social".

O valor da responsabilidade social é muito presente na cultura judaica, com ensinamentos que incentivam a ajuda ao próximo, a caridade e a justiça social. O termo "tzedaká" (צדקה), por exemplo, significa "justiça" e é frequentemente utilizado para se referir à caridade e ao ato de fazer o bem para o próximo.

A responsabilidade social também é vista como um ato de justiça, pois é uma forma de promover a igualdade de oportunidades e ajudar aqueles que estão em situação de vulnerabilidade. Na cultura judaica, a responsabilidade social não é vista como uma opção, mas sim como um dever moral.

Além disso, a palavra "chesed" (חסד) é frequentemente utilizada para se referir ao ato de bondade e compaixão, que é visto como um valor essencial na cultura judaica. Isso inclui a ajuda aos necessitados e a prática da justiça social.

Em resumo, a cultura judaica valoriza a responsabilidade social como um ato de justiça e compaixão, incentivando a ajuda ao próximo e a promoção da igualdade de oportunidades.

aqui estão 7 soluções práticas que todos podem aplicar em sua vida pessoal em relação à influência da responsabilidade social na prosperidade:

1. Voluntariado: Dedique seu tempo para ajudar os outros de maneira voluntária. Isso pode ser em uma organização sem

fins lucrativos ou simplesmente ajudando alguém em sua comunidade.
2. Doação: Contribua financeiramente para uma causa que você acredita. Escolha uma organização que se alinhe com seus valores e faça uma doação regularmente.
3. Consumo consciente: Faça escolhas conscientes ao fazer compras. Procure por empresas que têm práticas socialmente responsáveis e que apoiam causas importantes.
4. Responsabilidade ambiental: Faça escolhas que tenham um impacto mínimo no meio ambiente, como reduzir o uso de plástico, economizar energia e reciclar.
5. Participação cívica: Participe ativamente na vida da sua comunidade. Isso pode incluir participar de reuniões da associação de bairro, votar em eleições locais e apoiar iniciativas cívicas.
6. Compartilhamento de conhecimento: Compartilhe suas habilidades e conhecimentos com outras pessoas em sua comunidade. Isso pode incluir ensinar uma habilidade ou oferecer consultoria voluntária para uma organização sem fins lucrativos.
7. Ações individualizadas: Faça pequenas ações no dia-a-dia que ajudam outras pessoas, como oferecer ajuda a um vizinho idoso ou pagar o lanche de um colega de trabalho que está passando por dificuldades financeiras.

CAPÍTULO 26: A IMPORTÂNCIA DA INTEGRIDADE NA CULTURA JUDAICA

Durante a Segunda Guerra Mundial, um judeu chamado Oskar Schindler ficou conhecido por salvar mais de mil judeus poloneses das garras do Holocausto nazista. Schindler era um empresário alemão que usou sua fábrica de panelas para empregar judeus, salvando-os da deportação e morte nos campos de concentração.

No entanto, a história menos conhecida de Schindler é que ele não era um homem perfeito. Ele era conhecido por ser um mulherengo e ter um comportamento imprudente com seu dinheiro. Durante a guerra, Schindler chegou a subornar oficiais nazistas para manter sua fábrica aberta e continuar empregando judeus.

Mas apesar de suas falhas, Schindler é lembrado como um herói por causa de sua integridade. Ele arriscou sua vida e seus bens para salvar judeus inocentes do extermínio nazista. Ele usou sua influência e recursos para fazer a coisa certa, mesmo que isso significasse ir contra as autoridades e arriscar tudo o que tinha.

Essa história é um exemplo de como a integridade é valorizada na cultura judaica. Não se trata apenas de agir de acordo com as leis e normas sociais, mas de fazer o que é certo, mesmo que seja difícil ou impopular. A integridade é uma virtude fundamental na cultura judaica, que valoriza a justiça e a honestidade acima de tudo.

Ao longo da história, muitos judeus foram perseguidos e discriminados por causa de sua fé. No entanto, eles perseveraram e mantiveram sua integridade, mesmo diante da adversidade. Eles se recusaram a renunciar às suas crenças ou a comprometer seus valores, mesmo que isso significasse enfrentar a morte.

A integridade é uma lição importante que podemos aprender da cultura judaica. Ela nos lembra da importância de agir com ética e moralidade em todas as áreas da vida. Podemos aplicar esse princípio em nossas relações pessoais, no ambiente de trabalho e na sociedade em geral, agindo sempre com honestidade e respeito pelos outros.

A palavra "integridade" em hebraico é "Yashrut" (יִשְׁרוּת), derivada da raiz hebraica "yashar" que significa "retidão" ou "correção". A integridade é um valor central na cultura judaica e é vista como uma obrigação moral para todos os indivíduos.

Na Torá, a palavra "yashar" é usada para descrever a conduta de pessoas como Noé e Jó, que são consideradas íntegras e justas. O livro de Provérbios também destaca a importância da integridade e da honestidade, afirmando que "quem anda na integridade anda seguro" (Provérbios 10:9).

O conceito de integridade na cultura judaica vai além do comportamento ético individual e se estende às relações comerciais e sociais. A lei judaica, conhecida como Halachá, estabelece regras claras para negócios justos e honestos, incluindo a proibição de enganar ou explorar outras pessoas.

Um exemplo de integridade na cultura judaica é a história de Choni HaMagel, um sábio judeu que viveu na época do Segundo Templo em Jerusalém. Ele foi conhecido por sua devoção e integridade, e foi um dos poucos que foi capaz de invocar a Deus para trazer chuva em uma época de seca. Em outra ocasião, ele foi encontrado dormindo em um círculo que ele havia desenhado em torno de si mesmo, depois de ter pedido a Deus para acordá-lo após um certo período de tempo. Quando perguntado sobre suas ações, ele explicou que não queria mostrar falta de fé em Deus, pedindo que Ele o acordasse novamente.

Em resumo, a integridade na cultura judaica é vista como um valor essencial que transcende o comportamento individual e permeia todas as áreas da vida. Isso inclui relações comerciais e sociais justas, honestidade e transparência nas interações pessoais e o cumprimento de obrigações e responsabilidades.
aqui estão 7 soluções práticas baseadas no Capítulo 26:

1. Seja honesto e transparente em todas as suas interações e transações financeiras, mesmo que isso signifique desvantagem para você a curto prazo.
2. Pratique a ética nos negócios e evite comportamentos antiéticos que possam prejudicar a reputação da sua empresa ou da sua marca pessoal.
3. Esteja sempre disposto a admitir seus erros e tomar medidas para corrigi-los, em vez de tentar encobri-los ou justificá-los.
4. Mantenha sua palavra e cumpra suas promessas, mesmo que isso exija esforço adicional de sua parte.
5. Evite envolver-se em atividades ilegais ou antiéticas, mesmo que isso possa parecer uma solução rápida ou fácil para seus problemas financeiros.
6. Busque aconselhamento ético e imparcial de especialistas financeiros, em vez de seguir conselhos que possam ter motivos ocultos ou conflitos de interesse.
7. Seja um modelo de integridade para os outros ao seu redor, influenciando positivamente aqueles com quem você interage e estabelecendo um exemplo positivo para os jovens e futuras gerações.

CAPÍTULO 27: A SABEDORIA DO INVESTIMENTO EM CONHECIMENTO NA CULTURA JUDAICA

Há uma história na cultura judaica sobre o famoso sábio Hillel, que viveu há cerca de 2.000 anos atrás. Ele era um dos líderes da comunidade judaica da época e era conhecido por seu vasto conhecimento e sabedoria. Um dia, um homem veio até ele e pediu para que lhe ensinasse toda a Torá (os ensinamentos sagrados do judaísmo) enquanto ficava em pé em uma perna só.

Em vez de rejeitar o pedido como absurdo, Hillel aceitou o desafio e respondeu ao homem: "O que é odioso a ti, não o faças a teu próximo; isso é toda a Torá. O resto é apenas comentário, agora vai e aprende." Com isso, Hillel ensinou ao homem a importância de buscar o conhecimento e a sabedoria, e como um simples princípio ético poderia ser a chave para compreender todo o conjunto de ensinamentos religiosos.

Essa história ilustra a importância do investimento em conhecimento na cultura judaica. Desde os tempos antigos, o judaísmo valorizou a educação e o aprendizado como um caminho para o sucesso pessoal e comunitário. A busca pelo conhecimento é vista como uma obrigação e uma responsabilidade para com Deus e para com a comunidade.

A palavra hebraica para conhecimento é "da'at", que também pode ser traduzida como sabedoria. Essa palavra é frequentemente usada em textos religiosos e filosóficos judaicos para descrever o conhecimento adquirido por meio do estudo e da reflexão. A importância do "da'at" pode ser vista no famoso provérbio: "Conhecimento é poder".

Investir em conhecimento não se limita apenas a estudos religiosos, mas também se estende a diversas áreas da vida, como ciência, medicina, tecnologia, artes, literatura, entre outras. A cultura judaica valoriza a busca por conhecimento em todas essas áreas como um meio de enriquecer a vida pessoal e contribuir para o bem-estar da comunidade.

Com base nessa tradição, existem várias soluções práticas que todos podem adotar para investir em conhecimento na vida pessoal. Alguns exemplos incluem:

1. Ler livros e artigos sobre temas diversos, desde história até ciência e tecnologia.
2. Participar de cursos e workshops sobre assuntos de interesse pessoal.
3. Aprender uma nova língua para expandir as possibilidades de comunicação e compreensão de outras culturas.
4. Participar de grupos de estudo em áreas de interesse, como filosofia, religião ou literatura.
5. Viajar para conhecer outras culturas e aprender com diferentes perspectivas.
6. Assistir documentários e palestras sobre assuntos relevantes e interessantes.
7. Investir em programas educacionais que possam ampliar o conhecimento em áreas específicas, como pós-graduações e cursos técnicos.

CAPÍTULO 28: A HISTÓRIA DO POVO JUDEU COMO NEGOCIANTES DE DIAMANTES

Os judeus têm uma longa história como negociantes de diamantes, que remonta ao século XV, quando os diamantes eram extraídos nas regiões de Golconda e Visapatanam, na Índia. Em meados do século XVII, o comerciante judeu Isaac Eliazar, originário de Portugal, estabeleceu uma rede de negociação de diamantes entre a Índia e a Europa, passando por Roterdã e Amsterdã.

Na época, a produção de diamantes estava concentrada na Índia, e os judeus desempenharam um papel importante como intermediários entre os produtores indianos e os compradores europeus. Os diamantes eram negociados em bruto, e os negociantes judeus tinham o conhecimento e a habilidade para avaliar a qualidade e o valor de cada pedra.

Com o tempo, os judeus foram se estabelecendo em outras regiões produtoras de diamantes, como a África do Sul e a América do Sul, e construindo suas redes de negociação e comércio. Hoje em dia, os judeus continuam a ter uma presença significativa na indústria de diamantes, especialmente em países como Israel, Índia e Bélgica.

Uma história interessante é que Durante o século XIX, a cidade de Antuérpia, na Bélgica, tornou-se um importante centro de comércio de diamantes. Um dos principais responsáveis por essa transformação foi um judeu chamado Chaim Weizmann, nascido em 1874 na Bielorrússia, que se mudou para a Alemanha em busca de educação. Em 1904, ele foi contratado por uma empresa de diamantes em Antuérpia, onde rapidamente se destacou por sua habilidade e conhecimento no ramo.

Weizmann percebeu que havia uma grande oportunidade de negócios no mercado de diamantes, mas também sabia que era necessário resolver um problema: a falta de confiança dos compradores em relação à autenticidade dos diamantes. Para resolver essa questão, ele criou um sistema de certificação de diamantes, que se tornaria o padrão da indústria.

Com o sucesso do sistema de certificação, Weizmann fundou sua própria empresa de diamantes, a Weizmann & Co., que se tornou uma das maiores e mais bem-sucedidas do mundo. Ele também se envolveu em questões políticas e acabou se tornando um dos líderes do movimento sionista, que buscava a criação de um estado judeu na Palestina.

Weizmann é um exemplo da habilidade e inteligência dos judeus no comércio de diamantes, que dominaram essa indústria por décadas. Eles desenvolveram técnicas de corte e polimento de diamantes, criaram sistemas de certificação e estabeleceram redes de comércio global, tudo isso com base em um profundo conhecimento e expertise no assunto.

O termo hebraico para diamante é "yahalom" (יהלום), que vem da raiz hebraica "halam" (הלם), que significa "bater" ou "golpear". Isso se deve ao fato de que os diamantes precisam ser cortados e polidos por meio de uma série de batidas precisas e habilidosas para atingir sua forma e brilho ideais.

Outra palavra hebraica associada ao comércio de diamantes é "shoham" (שוהם), que era uma das doze pedras preciosas que adornavam o peitoral do Sumo Sacerdote no Templo de Jerusalém. Acredita-se que essa pedra preciosa seja o ônix negro, mas alguns estudiosos acreditam que possa ser uma referência ao diamante negro.

Além disso, o Talmud (coleção de leis e ensinamentos judaicos) menciona frequentemente os comerciantes de gemas e joias, incluindo diamantes, e a importância de lidar com honestidade e integridade nesse setor.

Esses exemplos etimológicos do hebraico destacam a importância histórica e cultural que os diamantes e o comércio de pedras preciosas tiveram para o povo judeu e como essas atividades foram incorporadas à sua linguagem e tradições.

Claro, aqui estão algumas soluções práticas que podem ser aplicadas na vida pessoal em relação ao investimento em diamantes:

1. Pesquise e estude antes de investir: Antes de investir em diamantes, é importante fazer uma pesquisa completa sobre o mercado e entender os diferentes tipos de diamantes disponíveis.
2. Compre de fontes confiáveis: Para garantir a autenticidade dos diamantes e evitar fraudes, é importante comprar de fontes confiáveis, como empresas reconhecidas e certificadas.
3. Invista em diamantes certificados: Ao investir em diamantes, é importante investir em diamantes certificados por laboratórios renomados, que podem garantir a autenticidade e qualidade do diamante.
4. Diversifique seus investimentos: Assim como em qualquer investimento, é importante diversificar sua carteira de diamantes para minimizar o risco de perda.
5. Armazene seus diamantes em locais seguros: Para proteger

seu investimento, é importante armazenar seus diamantes em locais seguros, como cofres de bancos ou instalações de armazenamento especializadas.
6. Acompanhe o mercado: Como em qualquer investimento, é importante acompanhar as tendências do mercado de diamantes para tomar decisões informadas de compra e venda.
7. Consulte um especialista: Se você é novo no investimento em diamantes, pode ser útil consultar um especialista para orientá-lo na tomada de decisões de investimento informadas.

CAPÍTULO 29: A IMPORTÂNCIA DA ESTRATÉGIA FINANCEIRA NA CULTURA JUDAICA

Durante a época medieval, os judeus eram frequentemente proibidos de possuir terras ou participar de guildas comerciais, o que os forçava a buscar outras formas de sustento. Muitos deles se tornaram especialistas em finanças e estratégias financeiras.

Um exemplo dessa habilidade pode ser visto no caso dos Rothschilds, uma família de banqueiros judeus que começaram como negociantes de moedas no final do século XVIII. Eles se expandiram para emprestar dinheiro a governos e indivíduos, financiando grandes projetos e investindo em várias empresas.

Em 1815, Nathan Rothschild usou sua rede de informantes para obter informações privilegiadas sobre a Batalha de Waterloo antes de qualquer outra pessoa na Inglaterra. Ele então usou essa informação para fazer um investimento estratégico em títulos do governo britânico, que se valorizaram significativamente após a vitória dos britânicos na batalha. Isso resultou em um grande lucro para a família Rothschild e consolidou sua posição como um dos banqueiros mais poderosos da Europa.

Essa história ilustra a importância da estratégia financeira na cultura judaica, onde a habilidade de identificar oportunidades de investimento e tomar decisões informadas é valorizada.

Significado etimológico: A palavra hebraica para estratégia é "stratejya" (סטרטגיה), que vem do grego "strategos", que significa "comandante do exército". A estratégia financeira é vista como uma forma de comandar e controlar recursos para alcançar objetivos específicos.

Soluções práticas:

1. Defina seus objetivos financeiros a curto e longo prazo e crie um plano para alcançá-los.
2. Aprenda sobre investimentos e estratégias financeiras por meio de livros, cursos e consultoria especializada.
3. Mantenha-se atualizado sobre as tendências do mercado e as mudanças nas regulamentações financeiras.
4. Desenvolva uma rede de contatos na área financeira para obter informações e oportunidades de investimento.
5. Faça uma análise cuidadosa dos riscos e benefícios antes de tomar qualquer decisão financeira importante.
6. Considere diversificar seus investimentos em várias áreas para minimizar riscos.
7. Busque aconselhamento financeiro de fontes confiáveis e respeitadas.

CAPÍTULO 30: A SABEDORIA DO DESAPEGO MATERIAL NA CULTURA JUDAICA

Havia uma vez um rabino muito sábio chamado Meir, que morava em uma pequena aldeia na Polônia. Ele era conhecido por sua erudição em estudos religiosos e pela sua grande humildade. Certo dia, o rei da Polônia, que estava passando pela região, ouviu falar do rabino Meir e decidiu visitá-lo em sua casa.

Quando o rei chegou, Meir o recebeu com grande honra e serviu-lhe a melhor refeição que podia oferecer. Durante a conversa, o rei perguntou ao rabino como ele conseguia ser tão feliz vivendo em uma casa tão modesta e sem muitas posses materiais.

O rabino Meir respondeu: "Majestade, eu aprendi com os ensinamentos da Torá que a verdadeira felicidade vem do desapego material. Nós não precisamos de muitas posses para sermos felizes, mas sim de uma mente serena e de um coração cheio de amor e compaixão."

O rei ficou impressionado com a sabedoria do rabino Meir e decidiu convidá-lo para ser seu conselheiro financeiro. Meir aceitou o convite, mas fez questão de manter sua humildade e sua simplicidade mesmo diante das riquezas que agora estavam em suas mãos.

Com o passar dos anos, o rabino Meir provou ser um excelente conselheiro financeiro para o rei, ajudando-o a expandir sua riqueza e influência. Mas, mesmo com toda a prosperidade, Meir nunca se esqueceu dos ensinamentos da Torá e continuou a viver de forma simples e desapegada.

Essa história ilustra a importância do desapego material na cultura judaica, que valoriza mais a sabedoria e a bondade do que a riqueza e a ostentação.

A palavra hebraica para desapego é "hitbatlut" (התבטלות), que significa "renúncia" ou "abdicação". Esse conceito é muito valorizado na cultura judaica, que acredita que a verdadeira felicidade e realização vêm do desapego aos bens materiais e do foco no que é realmente importante na vida.

Algumas práticas que podem ser adotadas para cultivar o desapego material na vida pessoal incluem:

1. Praticar a gratidão diariamente, agradecendo pelo que já temos em vez de nos concentrarmos no que falta;
2. Evitar o consumismo excessivo e desnecessário, buscando um estilo de vida mais simples e sustentável;
3. Doar regularmente para causas sociais e caritativas;
4. Valorizar mais as experiências e os relacionamentos do que as coisas materiais;
5. Fazer uma reflexão sobre o que é realmente importante na vida e estabelecer prioridades com base nisso;
6. Praticar a generosidade e a solidariedade, ajudando aqueles que estão em necessidade;
7. Desenvolver uma prática espiritual que ajude a manter o foco no que é essencial e a cultivar a serenidade interior.

CAPÍTULO 31: A INFLUÊNCIA DA JUSTIÇA NA PROSPERIDADE JUDAICA

Uma história que ilustra a influência da justiça na prosperidade judaica é a história de Hillel, um dos mais famosos líderes religiosos judeus do período do Segundo Templo, que viveu no século I a.C.

Hillel era conhecido por sua sabedoria e justiça, e sua abordagem gentil e humilde ao lidar com as pessoas. Ele era também um líder em questões éticas e morais, e seus ensinamentos e práticas influenciaram muitos judeus em sua época e além.

Um dia, um homem veio até Hillel com uma proposta estranha: ele prometeu que se Hillel pudesse ensiná-lo a toda a Torá enquanto ficava em uma perna só, ele se converteria ao judaísmo. Hillel aceitou o desafio e respondeu: "O que é odioso a ti, não o faças a teu semelhante. Esta é toda a Torá, o resto é explicação. Vai e aprende".

Essa história ilustra a importância da justiça e do tratamento justo dos outros na cultura judaica. Hillel ensinou que a Torá, e por extensão a vida, é baseada em um princípio simples, mas poderoso: fazer aos outros o que gostaríamos que fizessem a nós mesmos. Esse ensinamento é fundamental na cultura judaica e na busca pela prosperidade e justiça para todos.

A palavra "justiça" em hebraico é "tzedek", que tem raiz na palavra "tzedekah", que significa "caridade" ou "ação justa". Na cultura judaica, a justiça é vista como um valor fundamental e uma responsabilidade de cada indivíduo em ajudar a criar uma sociedade justa e equitativa.

Além disso, a palavra "tzedekah" também tem um significado financeiro, referindo-se à obrigação de doar parte de sua renda para ajudar os menos afortunados. Na cultura judaica, a caridade é vista como uma obrigação e um ato de justiça, e é incentivada por meio do sistema de dízimo e outras práticas de doação.

A importância da justiça na cultura judaica pode ser vista em muitas histórias e textos religiosos, como a história de Abraão negociando com Deus para poupar a cidade de Sodoma se houvesse apenas 10 justos nela, ou a obrigação de restituir as coisas roubadas ou prejudicadas a seu legítimo dono, conforme prescrito pela lei judaica.

Além disso, a justiça é vista como um valor importante no campo financeiro, onde é considerado fundamental agir de forma justa e equitativa em todas as transações comerciais. Isso inclui não enganar os outros, pagar salários justos, cumprir contratos e evitar práticas comerciais desleais.

Em resumo, na cultura judaica, a justiça é vista como um valor fundamental que deve ser incorporado em todas as esferas da vida, incluindo finanças e negócios. A obrigação de fazer a coisa certa e ajudar os menos afortunados é vista como uma responsabilidade moral e um caminho para alcançar a prosperidade em todos os sentidos.

aqui estão 7 soluções práticas baseadas na influência da justiça na prosperidade judaica que podem ser aplicadas na vida pessoal:

1. Seja honesto e transparente em seus negócios e relacionamentos pessoais. Isso ajuda a construir confiança e respeito com os outros.
2. Respeite os direitos dos outros e não prejudique ninguém em busca de lucro ou sucesso. A ética de negócios justa é essencial para criar relacionamentos duradouros.
3. Promova a igualdade e a justiça social em todas as áreas da vida, incluindo negócios, política e educação. Dê voz às pessoas que são oprimidas ou sub-representadas.
4. Considere o impacto de suas ações nos outros e na sociedade como um todo. Tome decisões conscientes e informadas, tendo em conta o bem comum.
5. Esteja disposto a assumir a responsabilidade por seus erros e reparar qualquer dano causado a outras pessoas. Isso ajuda a manter relações justas e equitativas.
6. Seja um defensor ativo da justiça social e apoie organizações que trabalham para promover a igualdade e a justiça em sua comunidade.
7. Aprenda sobre a história e a cultura judaica, incluindo seus valores e práticas relacionadas à justiça e à ética de negócios. Essa compreensão pode ajudá-lo a se tornar um líder justo e compassivo em sua própria vida e carreira.

CAPÍTULO 32: A IMPORTÂNCIA DA HUMILDADE NA CULTURA JUDAICA

Há uma história na cultura judaica que destaca a importância da humildade. Ela conta sobre o Rabino Yisrael Salanter, um importante líder religioso e filósofo lituano do século XIX. Certo dia, enquanto viajava em um trem, o rabino viu um homem sentado em sua poltrona, descalço e desarrumado. Em vez de se afastar ou se queixar da aparência do homem, o rabino se aproximou dele e iniciou uma conversa.

Durante a conversa, o homem revelou que ele era um pobre estudante que não podia pagar por sapatos novos. O Rabino Salanter então tirou os próprios sapatos e os deu ao homem, pedindo apenas que ele devolvesse os sapatos quando pudesse.

Esta história destaca o valor da humildade na cultura judaica, enfatizando que o dinheiro e o status não devem ser usados para criar distância entre as pessoas. Em vez disso, os judeus são incentivados a praticar a humildade e a ajudar os necessitados, independentemente de sua posição social.

A palavra hebraica para humildade é "anavah", que é derivada da palavra "anav", que significa pobre ou modesto. Na cultura judaica, a humildade é vista como uma virtude que leva a uma vida mais gratificante e satisfatória. A humildade é considerada uma das características mais importantes em um líder, porque permite que ele ou ela ouça e compreenda as necessidades e preocupações de outras pessoas.

Algumas soluções práticas que podemos aplicar em nossas vidas para cultivar a humildade incluem:

1. Praticar a empatia e tentar entender as perspectivas dos outros.
2. Evitar falar sobre si mesmo o tempo todo e ouvir ativamente os outros.
3. Aprender com os erros e reconhecer que todos somos falíveis.
4. Ser grato pelo que temos em vez de se concentrar no que falta.
5. Pedir desculpas quando erramos ou ferimos alguém.
6. Ajudar os outros sem esperar nada em troca.
7. Aceitar elogios com gratidão, mas sem se gabar ou se vangloriar.

CAPÍTULO 33: A SABEDORIA DO CONTROLE EMOCIONAL NA CULTURA JUDAICA

Durante o período do Segundo Templo em Jerusalém, havia um líder judeu conhecido como Shimon ben Gamliel. Ele era um homem muito rico e influente na comunidade, além de ser conhecido por sua sabedoria e inteligência. Certo dia, um indivíduo entrou em sua casa e insultou-o de forma grosseira e humilhante, sem motivo aparente.

Em vez de reagir com raiva e violência, Shimon ben Gamliel manteve o controle emocional e a calma, respondendo ao insulto com gentileza e compaixão. Ele ofereceu água e comida ao agressor e pediu desculpas por qualquer ofensa que pudesse ter causado.

A atitude de Shimon ben Gamliel exemplifica a sabedoria do controle emocional na cultura judaica. Em hebraico, a palavra "temperança" é "shtika", que significa literalmente "silêncio". Isso destaca a importância de saber quando ficar em silêncio e não reagir impulsivamente às situações. Além disso, a palavra "shiflut" significa humildade, outro valor importante na cultura judaica que contribui para o controle emocional.

Essa história nos ensina a importância de manter a calma e o controle emocional em situações difíceis, e como essa atitude pode nos ajudar a alcançar a sabedoria e a paz interior. Alguns métodos práticos para desenvolver o controle emocional incluem: meditação, exercícios de respiração, prática da empatia, pensamento positivo, comunicação eficaz e busca de ajuda profissional quando necessário.

O controle emocional é uma das principais características valorizadas na cultura judaica. A palavra hebraica para "emoção" é "midah" (מדה), que também pode ser traduzida como "medida" ou "caráter". Na cultura judaica, a emoção não é vista como algo negativo em si, mas sim como algo que precisa ser controlado e direcionado para o bem.

Um exemplo de controle emocional na cultura judaica é o conceito de "teshuvá" (תשובה), que significa "retorno" ou "arrependimento". É a ideia de que mesmo que alguém tenha cometido erros ou transgressões, é possível se arrepender e corrigir seu comportamento para seguir o caminho certo novamente. Esse conceito está relacionado à importância do autocontrole e da capacidade de refletir sobre as próprias emoções e ações.

Outra palavra hebraica relacionada ao controle emocional é "yetzer" (יצר), que significa "inclinação" ou "tendência". Na cultura judaica, o ser humano tem duas inclinações: o "yetzer hatov" (הטוביצר), a inclinação para o bem, e o "yetzer hará" (יצר הרע), a inclinação para o mal. A ideia é que a pessoa deve usar seu autocontrole para direcionar sua inclinação para o bem e controlar a inclinação para o mal.

O controle emocional também está presente no conceito de "bitachon" (בטחון), que significa "confiança" ou "segurança". Na cultura judaica, a confiança em D'us e na Sua providência é vista como um elemento fundamental para se manter o controle emocional em momentos de dificuldade.

Outra palavra hebraica relacionada ao controle emocional é "savlanut" (סבלנות), que significa "paciência". Na cultura judaica, a paciência é vista como uma virtude importante para controlar as emoções em situações estressantes e difíceis.

Esses conceitos hebraicos mostram como o controle emocional é valorizado na cultura judaica e como ele pode ser aplicado na vida cotidiana para lidar com as emoções de maneira saudável e construtiva.

Claro, aqui estão 7 soluções práticas sobre o controle emocional baseado na sabedoria da cultura judaica:

1. Pratique a meditação e a introspecção: a meditação é uma prática eficaz para controlar as emoções e desenvolver a autoconsciência. Reserve alguns minutos por dia para meditar e refletir sobre seus sentimentos e comportamentos.
2. Aprenda a respirar profundamente: quando nos sentimos estressados ou ansiosos, nossa respiração tende a ficar mais rápida e superficial. Aprender a respirar profundamente pode ajudar a acalmar as emoções e reduzir a ansiedade.
3. Desenvolva a empatia: a empatia é a habilidade de se colocar no lugar do outro e entender seus sentimentos e perspectivas. Pratique a empatia com as pessoas ao seu redor, tente entender como elas se sentem e como suas ações podem afetá-las.
4. Aprenda a se comunicar de forma assertiva: a comunicação assertiva é uma habilidade importante para expressar suas emoções e necessidades de forma clara e respeitosa. Quando você aprende a se comunicar de forma assertiva, pode evitar conflitos e reduzir o estresse emocional.
5. Pratique a gratidão: a gratidão é uma emoção positiva que

pode ajudar a reduzir o estresse e aumentar a felicidade. Agradeça pelas coisas boas em sua vida e pratique a gratidão diariamente.
6. Aprenda a lidar com a incerteza: muitas vezes, as emoções negativas surgem da sensação de incerteza em relação ao futuro. Aprenda a lidar com a incerteza, concentrando-se no momento presente e nas coisas que você pode controlar.
7. Cultive relacionamentos saudáveis: relacionamentos saudáveis podem ajudá-lo a lidar melhor com as emoções negativas. Cultive amizades positivas e relacionamentos significativos que o apoiem e o incentivem a crescer emocionalmente.

CAPÍTULO 34: A HISTÓRIA DO POVO JUDEU COMO BANQUEIROS INTERNACIONAIS

Durante a Idade Média, o povo judeu foi forçado a viver em guetos em várias partes da Europa e, devido às leis anti-semitas, não eram permitidos de praticar muitas profissões, exceto emprestar dinheiro com juros. Como resultado, muitos judeus se tornaram banqueiros internacionais, lidando com empréstimos para monarcas e governos em toda a Europa.

Um dos exemplos mais notáveis foi a família Rothschild. Em 1760, Mayer Amschel Rothschild, fundou uma empresa de câmbio em Frankfurt, Alemanha, que mais tarde se expandiu para outras partes da Europa. A família Rothschild se tornou um dos maiores bancos da Europa e emprestou dinheiro a governos, financiou guerras e investiu em várias indústrias. Eles também foram pioneiros no uso de códigos de transmissão para transmitir informações financeiras rapidamente entre suas filiais em toda a Europa.

Outro exemplo é a família Warburg, que começou como banqueiros na Alemanha no final do século XVIII. Eles se expandiram para os Estados Unidos no final do século XIX, onde fundaram o Banco de Investimento Kuhn, Loeb & Co. A família também fundou a Federal Reserve, o sistema bancário central dos Estados Unidos.

Essas famílias judias se tornaram alguns dos banqueiros mais influentes e poderosos da Europa e dos Estados Unidos, ajudando a moldar a história financeira mundial.

Na cultura judaica, a importância do controle financeiro e da ética nos negócios é enfatizada. A história do povo judeu como banqueiros internacionais destaca a importância de uma gestão financeira responsável e ética.

Na língua hebraica, a palavra para "banco" é "bank", que deriva do latim "bancus". Já a palavra "dinheiro" é "kesef", que tem origem na palavra "kisufim", que significa "desejos" ou "anseios". Essa conexão entre dinheiro e desejos pode ser vista como uma advertência para não permitir que as emoções e desejos governem a gestão financeira.

Algumas soluções práticas que todos podem adotar na vida pessoal incluem:

1. Criar um orçamento e manter-se fiel a ele.
2. Evitar dívidas excessivas e gerenciar dívidas existentes com responsabilidade.
3. Investir em educação financeira e buscar orientação de profissionais experientes.
4. Ser transparente e ético em todas as transações financeiras.
5. Ter uma reserva de emergência para lidar com situações inesperadas.
6. Evitar investimentos arriscados e priorizar a diversificação de investimentos.
7. Dar importância ao legado financeiro e pensar em gerações futuras ao tomar decisões financeiras.

CAPÍTULO 35: A IMPORTÂNCIA DO GERENCIAMENTO DE RISCOS NA CULTURA JUDAICA

Durante o final do século XIX e início do século XX, a família Rothschild, de origem judaica, se destacou como uma das mais importantes banqueiras internacionais da Europa. No entanto, mesmo com sua grande influência e poder, eles também reconheciam a importância do gerenciamento de riscos em suas atividades financeiras.

Em uma ocasião, um navio que transportava uma grande quantidade de ouro da família Rothschild afundou no mar. Apesar do grande prejuízo financeiro que isso causaria, a família já havia tomado medidas de gerenciamento de risco, contratando seguros para proteger suas cargas contra roubos ou acidentes.

Essa história ilustra a importância do gerenciamento de riscos na cultura judaica, que valoriza a prudência e a responsabilidade financeira.

Outro exemplo de gerenciamento de risco na cultura judaica pode ser visto na tradição do "shtetl", as pequenas comunidades judaicas que se formavam na Europa Oriental. Nessas comunidades, os judeus desenvolveram sistemas de apoio mútuo, como sociedades de ajuda mútua e empréstimos entre membros da comunidade, para ajudar uns aos outros em tempos de necessidade.

Essa abordagem coletiva de gerenciamento de riscos também é vista em organizações judaicas modernas, como a Fundação Judaica, que oferece serviços de seguros e gestão de riscos para instituições judaicas em todo o mundo.

Em hebraico, a palavra para risco é "hashara", que tem raízes na palavra "shorashim", que significa "raízes". Isso reflete a ideia de que gerenciamento de riscos envolve identificar e tratar as raízes dos possíveis problemas financeiros antes que eles aconteçam.

Alguns princípios da cultura judaica que podem ser aplicados ao gerenciamento de riscos incluem a importância da prudência, da responsabilidade, da cooperação e da previsão. Com esses valores em mente, algumas soluções práticas que podem ser aplicadas na vida pessoal incluem:

1. Identificar e avaliar os riscos em todas as suas atividades financeiras, seja no trabalho ou na vida pessoal.
2. Tomar medidas para minimizar esses riscos, como contratar seguros ou diversificar investimentos.
3. Desenvolver uma rede de apoio, como amigos ou familiares, para ajudar em tempos de necessidade.
4. Participar de grupos de ajuda mútua ou sociedades de apoio financeiro.
5. Investir em educação financeira para aprender sobre diferentes estratégias de gerenciamento de riscos.
6. Ser proativo e tomar medidas preventivas para evitar problemas financeiros, em vez de apenas reagir a eles.
7. Manter uma reserva financeira de emergência para lidar com imprevistos e crises financeiras.

CAPÍTULO 36: A SABEDORIA DA RESILIÊNCIA FINANCEIRA NA CULTURA JUDAICA

Durante a Segunda Guerra Mundial, a Alemanha nazista ocupou a Europa e perseguiu implacavelmente os judeus em toda a região. Muitos judeus foram obrigados a fugir de suas casas e abandonar seus negócios e bens. Entre esses judeus estava um comerciante de diamantes chamado Ernest Oppenheimer.

Oppenheimer nasceu na Alemanha em 1880, mas em 1902, mudou-se para a África do Sul para trabalhar em mineração de diamantes. Ele rapidamente se destacou no campo e se tornou presidente da empresa De Beers, uma das maiores empresas de mineração de diamantes do mundo. Em 1934, Oppenheimer se tornou cidadão britânico e, em 1938, comprou ações suficientes da empresa Anglo-American para controlá-la.

Quando os nazistas assumiram o poder na Alemanha, Oppenheimer, um judeu, foi forçado a fugir do país e deixar sua fortuna para trás. Ele mudou-se para Londres, onde continuou a trabalhar como banqueiro e empresário. Ele também dedicou grande parte de sua fortuna a ajudar outros judeus que estavam sofrendo sob o regime nazista.

Embora Oppenheimer tenha enfrentado muitos desafios e obstáculos em sua vida, ele demonstrou resiliência financeira ao se adaptar às circunstâncias em mudança e continuar a prosperar em seus negócios, mesmo após perder seus bens na Alemanha. Sua história é um exemplo poderoso da importância da resiliência financeira na cultura judaica e na vida em geral.

Uma história interessante que exemplifica a resiliência financeira na cultura judaica é a do empresário israelense, Idan Ofer. Ele é herdeiro de uma das maiores fortunas de Israel, mas em 2008, durante a crise financeira mundial, sua empresa de transporte marítimo perdeu mais de 2 bilhões de dólares em valor de mercado.

No entanto, em vez de se abater com as perdas, Ofer demonstrou sua resiliência financeira e habilidades de adaptação. Ele vendeu a maioria de suas ações na empresa antes da crise atingir seu pico e usou parte do dinheiro para investir em outros setores, como petróleo, gás e mineração.

Com a ajuda de uma equipe altamente qualificada, ele reestruturou seus negócios e criou uma nova empresa de transporte marítimo que se tornou um sucesso mundial. Em 2013, sua nova empresa já valia mais de 3 bilhões de dólares.

Essa história mostra como a resiliência financeira é fundamental na cultura judaica, que valoriza a persistência, a perseverança e a habilidade de se adaptar às mudanças e adversidades. A partir dessas características, é possível superar os desafios financeiros e alcançar o sucesso.

Além disso, a cultura judaica também enfatiza a importância de se preparar para situações difíceis e de gerenciar riscos financeiros. Assim, é possível ter uma base sólida e estar pronto para enfrentar qualquer adversidade que possa surgir.

Claro, aqui estão 7 soluções práticas sobre resiliência financeira baseadas na sabedoria da cultura judaica:

1. Faça um planejamento financeiro realista: Identifique suas necessidades e despesas e faça um orçamento realista. Certifique-se de ter fundos de emergência e reserve dinheiro regularmente para investimentos de longo prazo.
2. Diversifique seus investimentos: Em vez de colocar todo seu dinheiro em um só lugar, diversifique sua carteira de investimentos. Invista em diferentes classes de ativos, como ações, títulos, imóveis e commodities.
3. Mantenha um estilo de vida modesto: Evite cair na tentação de ostentar riqueza e viver acima das suas possibilidades. Mantenha um estilo de vida modesto e evite o endividamento desnecessário.
4. Esteja sempre preparado para o inesperado: Esteja preparado para imprevistos, como despesas médicas inesperadas, demissões ou recessões econômicas. Mantenha fundos de emergência para lidar com situações imprevistas.
5. Aprenda a lidar com o fracasso: Fracassos financeiros fazem parte do caminho para o sucesso. Em vez de ficar desanimado com eles, use essas situações para aprender e crescer.
6. Seja flexível e adaptável: As condições econômicas podem mudar rapidamente, então é importante ser flexível e adaptável. Esteja sempre preparado para ajustar suas estratégias financeiras de acordo com as mudanças no mercado.
7. Invista em sua educação financeira: Aprender sobre finanças é fundamental para a resiliência financeira. Invista em sua educação financeira, leia livros e artigos sobre o assunto, assista a palestras e converse com profissionais da área para melhorar suas habilidades financeiras e tomar decisões mais informadas.

CAPÍTULO 37: A INFLUÊNCIA DA TRADIÇÃO NA PROSPERIDADE JUDAICA

Havia uma pequena comunidade judaica em uma cidade da Europa Oriental que, apesar de ser pequena, era conhecida por sua prosperidade financeira. Muitos dos habitantes eram comerciantes de sucesso e empresários bem-sucedidos, e suas empresas eram respeitadas em toda a região.

Um jovem judeu da comunidade, chamado Isaac, estava interessado em seguir os passos de seus conterrâneos e se tornar um empresário. Ele estava determinado a ter sucesso, mas não sabia por onde começar. Então, ele procurou a ajuda de um comerciante experiente da comunidade, um homem chamado Levi.

Levi disse a Isaac que o sucesso nos negócios não era apenas uma questão de habilidade ou conhecimento. Era preciso entender a importância da tradição e da ética judaicas no mundo dos negócios. Ele explicou que a comunidade judaica era conhecida por suas práticas comerciais justas e honestas, e que isso era um resultado direto da tradição judaica.

Levi disse a Isaac que, se ele quisesse ser bem-sucedido nos negócios, precisava seguir a tradição judaica e adotar os valores éticos da comunidade. Ele explicou que esses valores incluíam a honestidade, a integridade, a compaixão pelos outros e a responsabilidade social.

Isaac seguiu o conselho de Levi e, ao longo do tempo, tornou-se um empresário bem-sucedido em sua própria empresa. Ele creditou seu sucesso à sabedoria e à tradição judaicas que ele havia aprendido com a comunidade. Ele se tornou um líder respeitado na comunidade, e seus filhos e netos seguiram seus passos e continuaram a tradição de prosperidade baseada em valores éticos e tradicionais.

Aqui estão 7 soluções práticas inspiradas na influência da tradição na prosperidade judaica:

1. Conheça suas raízes: Independentemente da sua religião ou cultura, é importante conhecer sua história e entender suas origens. Aprenda sobre seus ancestrais, tradições e costumes. Isso pode ajudá-lo a encontrar inspiração e orientação para enfrentar desafios em sua vida.
2. Pratique a gratidão: A tradição judaica enfatiza a importância da gratidão, e isso pode ajudá-lo a se concentrar nas coisas positivas em sua vida. Tente reservar um tempo todos os dias para refletir sobre as coisas pelas quais você é grato. Isso pode melhorar sua perspectiva e ajudá-lo a encontrar soluções para problemas financeiros.
3. Aprenda com os erros do passado: A tradição judaica ensina que é importante aprender com os erros do passado e fazer ajustes para evitar cometer os mesmos erros no futuro. Tente identificar erros financeiros que você cometeu no passado e faça ajustes em sua abordagem para evitar cometer os mesmos erros novamente.
4. Mantenha-se conectado à sua comunidade: A comunidade é um aspecto importante da tradição judaica, e pode

fornecer apoio emocional e financeiro em momentos de necessidade. Tente manter-se conectado com sua comunidade e participar de eventos e atividades locais. Isso pode ajudá-lo a construir redes de apoio e expandir sua rede profissional.

5. Valorize a educação: A tradição judaica valoriza muito a educação, e isso pode ajudá-lo a alcançar a prosperidade financeira. Invista em sua educação financeira e continue aprendendo ao longo da vida. Isso pode ajudá-lo a tomar decisões financeiras mais inteligentes e a se manter atualizado sobre as tendências do mercado.

6. Seja perseverante: A tradição judaica ensina que é importante ser perseverante e persistir em face de desafios. Quando se trata de finanças, isso significa ter uma abordagem disciplinada e consistente para poupar, investir e administrar seu dinheiro. Seja paciente e trabalhe duro para alcançar seus objetivos financeiros.

7. Não negligencie a espiritualidade: A tradição judaica enfatiza a importância da espiritualidade e da conexão com algo maior do que nós mesmos. Encontre maneiras de se conectar com sua espiritualidade, seja por meio da oração, meditação ou prática religiosa. Isso pode ajudá-lo a encontrar significado e propósito em sua vida financeira e a tomar decisões mais conscientes e compassivas.

CAPÍTULO 38: A IMPORTÂNCIA DA AUTOCONFIANÇA NA CULTURA JUDAICA

Era uma vez, em uma pequena cidade judaica no leste europeu, um jovem chamado Avi. Ele era o filho mais novo de uma família de comerciantes, mas não tinha muito interesse em seguir os passos de seus pais. Em vez disso, ele sonhava em se tornar um grande estudioso e rabino.

No entanto, Avi era tímido e inseguro, sempre duvidando de suas próprias habilidades. Ele frequentava a yeshivá local e estudava diligentemente, mas ficava frustrado quando não conseguia entender um texto ou memorizar uma passagem.

Um dia, Avi teve a oportunidade de conversar com o rabino da comunidade. Ele confessou sua falta de autoconfiança e pediu conselhos sobre como superar isso. O rabino sorriu e contou-lhe uma história.

"Uma vez, um sábio judeu foi convidado para dar uma palestra em uma cidade estrangeira", começou o rabino. "Quando ele chegou, descobriu que o local do evento era uma enorme catedral cristã, com centenas de pessoas esperando por ele. O sábio ficou nervoso e ansioso, sentindo-se fora de lugar em um lugar tão estranho".

"Mas ele tomou uma decisão", continuou o rabino. "Ele decidiu que, em vez de se concentrar em seus medos e incertezas, ele iria confiar em sua própria sabedoria e conhecimento. Ele subiu ao púlpito e começou a falar, com autoridade e eloquência. E para sua surpresa, a plateia ficou cativada por suas palavras".

"Avi", disse o rabino, "a autoconfiança não vem de um lugar externo. Ela vem de dentro de você. Você tem todo o conhecimento e sabedoria que precisa, basta acreditar em si mesmo e deixar sua luz brilhar".

Essa história mudou a vida de Avi. Ele começou a praticar a autoconfiança, confiando em seu próprio conhecimento e habilidades. Com o tempo, ele se tornou um líder da comunidade e um estudioso respeitado.

Na cultura judaica, a autoconfiança é vista como uma virtude importante, tanto na vida espiritual quanto na financeira. Acreditar em si mesmo e ter coragem para assumir riscos é muitas vezes o que separa os bem-sucedidos dos que falham. Por isso, é importante cultivar a autoconfiança em todas as áreas da vida, seja nos estudos, nos negócios ou nas relações pessoais.

Jacob ficou surpreso e confuso. Ele tinha certeza de que tinha seguido todas as instruções corretamente. Ele revirou mentalmente todas as etapas e tentou se lembrar de qualquer detalhe que pudesse ter perdido. Mas nada fazia sentido.

Ele sentiu um nó no estômago. E se ele não fosse capaz de consertar o erro? E se isso significasse que ele não seria mais capaz de fazer negócios com aquele cliente, ou pior, que sua reputação seria manchada? Ele sentiu sua autoconfiança desmoronando, como um castelo de cartas que cai ao menor sopro de vento.

Mas então ele se lembrou de uma história que ouviu quando era criança. Era a história de Moisés, liderando o povo judeu através do deserto. Moisés tinha sido escolhido por Deus para liderar seu povo para a Terra Prometida. Mas ele não era um líder natural. Ele gaguejava e era tímido. Quando Deus lhe disse para falar com o faraó e exigir que ele liberasse os judeus da escravidão, Moisés ficou com medo e tentou recusar. Mas Deus o encorajou e Moisés finalmente encontrou a coragem para enfrentar o faraó.

Jacob se lembrou de como Moisés tinha encontrado forças em Deus para superar suas limitações e medos. Ele decidiu que não permitiria que sua autoconfiança fosse abalada por um erro aparente. Ele encontraria uma solução e seguiria em frente, com confiança renovada em si mesmo.

Ele fez uma lista de possíveis soluções e começou a trabalhar em cada uma delas. Ele verificou e re-verificou seus registros e finalmente descobriu o erro. Ele imediatamente entrou em contato com o cliente e corrigiu o problema antes que pudesse causar mais danos.

Jacob percebeu que a autoconfiança não é sobre nunca cometer erros ou sempre saber a resposta certa. É sobre ter fé em si mesmo e encontrar a coragem de seguir em frente, mesmo quando as coisas não saem como o planejado. A história de Moisés o lembrou de que, às vezes, a coragem vem de fontes inesperadas, e que sempre há uma solução, mesmo que não esteja imediatamente óbvia.

Desde então, Jacob tem enfrentado os desafios com mais autoconfiança e encontrou um novo sucesso em seus negócios. Ele aprendeu a confiar em sua capacidade de encontrar soluções e superar os obstáculos que se apresentam a ele.

Claro, aqui estão 7 soluções práticas para desenvolver a autoconfiança na vida pessoal:

1. Pratique a gratidão: Reconheça e aprecie suas habilidades e conquistas diárias, por menores que possam parecer.
2. Enfrente seus medos: Desafie-se a enfrentar situações que o deixam

desconfortável, mesmo que seja algo pequeno. Com o tempo, você se tornará mais confiante em sua capacidade de superar desafios.
3. Aprenda com os erros: Em vez de se criticar por falhas, use-as como oportunidades de aprendizado. Analise o que deu errado e o que você pode fazer melhor na próxima vez.
4. Crie uma mentalidade positiva: Acredite em si mesmo e em suas habilidades, em vez de se concentrar em pensamentos negativos ou autocríticos.
5. Mantenha-se informado: Conhecimento é poder. Aprenda mais sobre seus objetivos e interesses para se sentir mais confiante em suas habilidades e tomadas de decisão.
6. Pratique a comunicação assertiva: Aprenda a expressar seus pensamentos e opiniões de forma clara e direta, sem ser agressivo ou passivo.
7. Faça coisas que o fazem sentir-se bem consigo mesmo: Dedique um tempo para atividades que o fazem se sentir bem, como exercícios físicos, hobbies, ou tempo com amigos e familiares que o apoiam.

CAPÍTULO 39: A SABEDORIA DO PLANEJAMENTO DE APOSENTADORIA NA CULTURA JUDAICA

A luz pálida da lua brilhava através da janela, iluminando o rosto enrugado de Miriam. Sentada em sua cadeira de balanço, ela olhava para o nada, perdida em seus pensamentos. O que ela faria agora que estava velha e não podia mais trabalhar? Como sobreviveria sem um salário? Essas perguntas ecoavam em sua mente, como um coro sombrio e inquietante.

Miriam era uma judia ortodoxa, criada na tradição da responsabilidade financeira e do planejamento a longo prazo. Ela sabia que precisava ter um plano para sua aposentadoria, mas não tinha ideia de como começar.

Foi então que se lembrou de uma história que ouvira quando criança, sobre um rabino sábio que aconselhava seus discípulos a pensar no futuro, mesmo quando ainda eram jovens e saudáveis. O rabino dizia que cada um deveria separar uma parte de seu salário para a aposentadoria, e investi-la em uma poupança ou em uma fonte de renda passiva.

Inspirada pela lembrança, Miriam começou a pesquisar sobre

opções de aposentadoria e descobriu que existem várias maneiras de planejar financeiramente para a aposentadoria, incluindo planos de previdência privada, investimentos em fundos de pensão e imóveis para locação.

Ela decidiu optar por um plano de previdência privada, que garantiria uma renda mensal estável durante sua aposentadoria. Começou a separar uma parte de seus ganhos mensais e investi-los no plano, sem falhar em nenhum mês. Com o passar dos anos, a quantia acumulada se tornou uma pequena fortuna, garantindo que ela pudesse desfrutar de sua velhice sem preocupações financeiras.

A história de Miriam é um exemplo da sabedoria do planejamento de aposentadoria na cultura judaica. Desde tempos antigos, os judeus aprenderam a importância de se preparar para o futuro, de maneira consistente e disciplinada. Com um plano bem estruturado e a determinação de segui-lo, todos nós podemos garantir uma aposentadoria segura e feliz, sem medo do desconhecido.

Agora, mais do que nunca, é importante lembrar a lição de Miriam e seguir seu exemplo, planejando com antecedência para garantir um futuro próspero e estável. O planejamento de aposentadoria é uma tarefa que requer paciência, disciplina e perseverança, mas os resultados valem o esforço.

7 soluções práticas sobre o assunto que todo mundo pode usar na sua vida pessoal:

1. Comece a planejar sua aposentadoria o mais cedo possível. Não espere até estar próximo da idade de se aposentar para começar a pensar em sua segurança financeira.
2. Estabeleça metas financeiras claras para si mesmo, e trabalhe diligentemente para alcançá-las.
3. Eduque-se sobre as opções de investimento disponíveis, e diversifique seus investimentos para minimizar o risco.

4. Considere abrir uma conta de previdência privada para garantir uma renda adicional durante a aposentadoria.
5. Desenvolva uma estratégia clara de saída para seus investimentos.
6. Busque aconselhamento financeiro de profissionais experientes e confiáveis.
7. Esteja sempre atento às suas finanças e ajuste sua estratégia de investimento conforme necessário ao longo do tempo.

CAPÍTULO 40: A HISTÓRIA DO POVO JUDEU COMO COMERCIANTES DE ESPECIARIAS

Era uma noite escura e fria em Jerusalém. A cidade estava em silêncio, exceto pelo som dos camelos que carregavam mercadorias pelas ruas. Em uma pequena loja, Shlomo, um judeu conhecido por seu conhecimento em especiarias, trabalhava em sua última encomenda. Ele havia sido contratado por um comerciante de especiarias da Europa para fornecer uma mistura única de temperos para uma nova receita.

Enquanto misturava cuidadosamente os ingredientes, Shlomo pensava em sua família e em como poderia fornecer uma vida melhor para eles. Ele sabia que o comércio de especiarias era uma das principais fontes de renda para os judeus em todo o mundo, e ele havia dedicado sua vida a aprimorar suas habilidades.

Desde os tempos antigos, o povo judeu havia sido conhecido por suas habilidades comerciais e seu conhecimento de especiarias. Na época do Rei Salomão, eles negociavam especiarias com países distantes como a Índia e a Arábia, tornando-se os principais comerciantes de especiarias do mundo.

Mas mesmo com toda a experiência e conhecimento que Shlomo tinha, ele sabia que a concorrência era forte. Ele precisava encontrar uma maneira de se destacar e oferecer algo único aos seus clientes.

Foi então que ele se lembrou de uma receita que seu avô havia passado para ele. Era uma mistura secreta de temperos que só era conhecida por sua família. Com algumas alterações, Shlomo sabia que poderia criar uma mistura única que ninguém mais tinha.

Ele trabalhou a noite toda, experimentando diferentes quantidades de cada ingrediente até encontrar a mistura perfeita. E quando o sol nasceu, ele finalmente tinha a mistura que ele sabia que seria sua chave para o sucesso.

Shlomo nunca olhou para trás. Ele começou a oferecer sua mistura exclusiva aos seus clientes, e rapidamente se tornou um dos comerciantes de especiarias mais bem-sucedidos da cidade. Sua família prosperou, e ele sabia que sua dedicação ao comércio de especiarias havia lhe trazido sucesso.

Essa história é apenas uma das muitas que ilustram a importância do comércio de especiarias na cultura judaica ao longo dos séculos.

Mesmo com as dificuldades, os comerciantes judeus perseveraram na arte da negociação de especiarias. Eles desenvolveram um sistema de rotas comerciais que abrangia desde o Oriente Médio até a Europa, incluindo as principais cidades comerciais como Veneza, Gênova e Amsterdã. Eles também aprenderam a lidar com diferentes moedas e idiomas, tornando-se assim, uma das classes de comerciantes mais bem-sucedidas da época.

Os comerciantes judeus não só trouxeram especiarias para a Europa, mas também outras mercadorias, como seda, tecidos, tapetes, jóias e metais preciosos. Eles foram responsáveis por estabelecer feiras e mercados em muitas cidades europeias, fornecendo produtos que antes eram raros e exóticos.

Ao longo dos séculos, os comerciantes judeus acumularam riqueza e poder. Eles foram patrocinadores de artes, ciência e filosofia, e construíram sinagogas, escolas e hospitais em muitas cidades europeias. No entanto, eles também enfrentaram muita discriminação e perseguição, culminando com a expulsão de muitos países europeus no final do século XV.

Apesar dos desafios enfrentados pelos comerciantes judeus, sua história é uma lição de perseverança, resiliência e habilidade nos negócios. Seu legado continua vivo até hoje, e sua influência na cultura e economia mundial é inegável.

7 soluções práticas que podem ser aplicadas na vida pessoal em relação à história do povo judeu como comerciantes de especiarias:

1. Explore novos sabores e temperos: A culinária judaica é conhecida por sua riqueza de sabores e temperos, muitos dos quais foram originalmente obtidos por meio do comércio de especiarias. Experimentar novas especiarias pode ser uma maneira divertida e deliciosa de ampliar seu paladar.
2. Pratique a negociação: Os comerciantes de especiarias judaicos eram conhecidos por suas habilidades de negociação. Aprender a negociar pode ser útil em muitas áreas da vida, desde a compra de um carro até a negociação de um contrato de trabalho.
3. Busque oportunidades de comércio: Os comerciantes de especiarias judaicos eram empreendedores que buscavam oportunidades de comércio em todo o mundo. Ficar atento a oportunidades de negócios e estar disposto a assumir riscos pode ser uma maneira eficaz de alcançar o sucesso financeiro.

4. Cultive relacionamentos comerciais duradouros: Os comerciantes de especiarias judaicos valorizavam as relações comerciais duradouras, construindo redes de comércio em todo o mundo. Focar em construir relacionamentos duradouros com clientes, fornecedores e parceiros de negócios pode ser uma estratégia valiosa para o sucesso empresarial.
5. Mantenha-se atualizado com as tendências do mercado: Os comerciantes de especiarias judaicos tinham que se manter atualizados com as tendências do mercado, as flutuações de preços e as condições meteorológicas que afetavam a colheita das especiarias. Aprender a ler e interpretar dados de mercado pode ser uma habilidade útil para tomar decisões financeiras informadas.
6. Adote uma abordagem ética aos negócios: Os comerciantes de especiarias judaicas valorizavam a honestidade e a integridade nos negócios. Adotar uma abordagem ética e transparente nos negócios pode ajudar a construir uma reputação sólida e estabelecer a confiança com clientes e parceiros.
7. Esteja disposto a se adaptar às mudanças: Os comerciantes de especiarias judaicas tiveram que se adaptar a mudanças nas rotas de comércio, regulamentações comerciais e condições do mercado. Estar aberto e disposto a se adaptar às mudanças é uma habilidade importante para sobreviver em um mercado em constante mudança.

CAPÍTULO 41: A IMPORTÂNCIA DA TRANSPARÊNCIA FINANCEIRA NA CULTURA JUDAICA

Em uma pequena cidade na Polônia, havia um homem chamado Isaac que era considerado um dos comerciantes mais ricos e bem-sucedidos da região. Ele tinha uma reputação impecável e era altamente respeitado pelos membros da comunidade. Isaac sempre se orgulhava de sua transparência financeira, mantendo registros detalhados de todas as suas transações comerciais e mantendo seus livros abertos para inspeção.

Um dia, um jovem casal da cidade se aproximou de Isaac pedindo um empréstimo para ajudá-los a comprar uma casa. Isaac concordou em emprestar-lhes o dinheiro, mas antes de fazer isso, ele se sentou com eles e explicou os termos do empréstimo, detalhando a taxa de juros e o prazo de pagamento. Ele também pediu que eles assinassem um contrato, para que todos os termos fossem claramente estabelecidos e compreendidos por ambas as partes.

Os anos se passaram, e o jovem casal pagou seu empréstimo a Isaac em dia, conforme acordado. Eles estavam extremamente gratos a Isaac por terem sido capazes de realizar seu sonho de possuir uma casa e lhe agradeceram por sua ajuda e transparência.

Essa história de Isaac ilustra a importância da transparência financeira na cultura judaica. Ao manter registros detalhados e manter um alto nível de honestidade e integridade em todas as transações comerciais, as pessoas podem construir uma reputação sólida e ganhar a confiança daqueles ao seu redor. Isso é fundamental para o sucesso financeiro a longo prazo e para manter relacionamentos comerciais saudáveis.

É importante lembrar que a transparência financeira não se limita apenas a transações comerciais, mas também se estende a outras áreas da vida financeira, como investimentos, impostos e gastos pessoais. A seguir, estão sete soluções práticas que todos podem aplicar em sua vida pessoal para melhorar a transparência financeira:

1. Mantenha registros detalhados de todas as transações financeiras, incluindo receitas, despesas e investimentos.
2. Use um software de orçamento ou planilha para ajudá-lo a acompanhar suas finanças de forma mais eficiente.
3. Verifique regularmente suas contas bancárias, cartões de crédito e outras informações financeiras para detectar erros ou discrepâncias.
4. Sempre leia e entenda completamente os termos e condições de qualquer contrato financeiro antes de assiná-lo.
5. Seja transparente sobre sua situação financeira com familiares e amigos próximos para evitar mal-entendidos ou conflitos.
6. Mantenha um diálogo aberto e honesto com consultores financeiros ou contadores sobre suas necessidades e expectativas financeiras.
7. Seja proativo em corrigir quaisquer erros ou problemas financeiros assim que eles surgirem, em vez de esperar que eles se resolvam sozinhos.

CAPÍTULO 42: A SABEDORIA DA RESPONSABILIDADE FISCAL NA CULTURA JUDAICA

A cidade de Jerusalém estava em um período de grande prosperidade econômica. Comércio, indústria e serviços estavam em pleno vapor, e muitos judeus estavam enriquecendo rapidamente. No entanto, essa riqueza não era acompanhada pela responsabilidade fiscal.

Um jovem judeu chamado Levi estava trabalhando em uma das empresas mais bem-sucedidas da cidade. Ele era um funcionário dedicado e muito inteligente, e rapidamente subiu na hierarquia da empresa. No entanto, ele notou que a empresa estava gastando mais do que ganhava, e que a administração não parecia se importar com isso.

Levi ficou cada vez mais preocupado, especialmente porque ele sabia que essa falta de responsabilidade fiscal poderia levar a empresa à falência. Ele tentou alertar seus superiores, mas eles o ignoraram, dizendo que tudo estava sob controle e que Levi não deveria se preocupar.

Mas Levi não conseguia se livrar do sentimento de que algo

estava errado. Ele decidiu investigar a situação por conta própria e descobriu que a empresa estava envolvida em práticas ilegais, como sonegação de impostos e lavagem de dinheiro. Ele ficou horrorizado e decidiu que não queria fazer parte disso.

Levi procurou um rabino local e compartilhou suas preocupações. O rabino lhe disse que a cultura judaica valoriza muito a responsabilidade fiscal e que é dever de cada judeu ser honesto em seus negócios e pagar seus impostos corretamente.

Levi decidiu deixar a empresa e procurou um emprego em uma empresa que respeitava a responsabilidade fiscal. Ele foi contratado por uma empresa menor, mas bem-sucedida, que se orgulhava de sua honestidade e transparência financeira.

Com o tempo, Levi subiu na hierarquia da nova empresa e se tornou um líder respeitado. Ele também se tornou um defensor da responsabilidade fiscal na comunidade judaica, ensinando os outros sobre a importância de ser honesto em seus negócios e pagar seus impostos corretamente.

A história de Levi é um exemplo de como a responsabilidade fiscal é valorizada na cultura judaica. A honestidade e a transparência financeira são fundamentais para o sucesso a longo prazo, tanto no nível pessoal quanto no empresarial.

Após o incidente, o rei se reuniu com seus conselheiros e juntos decidiram que era hora de implementar uma nova política fiscal baseada na responsabilidade e transparência. Eles buscaram ajuda dos líderes financeiros judeus, que eram conhecidos por sua habilidade em gerenciar finanças de forma responsável e prudente.

Os líderes financeiros judeus aconselharam o rei a estabelecer um sistema de contabilidade rigoroso e transparente, para que o povo pudesse ver como o dinheiro do governo estava sendo gasto. Eles também sugeriram que o governo criasse um fundo de reserva para enfrentar possíveis crises financeiras no futuro.

Com a ajuda dos líderes financeiros judeus, o rei implementou essas medidas e, ao longo do tempo, a economia do reino melhorou significativamente. O povo se sentia mais seguro em relação ao futuro e a confiança no governo foi restaurada.

Essa história mostra como a sabedoria da responsabilidade fiscal pode levar a um futuro próspero e estável. É importante que governos e indivíduos sigam práticas financeiras responsáveis e tomem medidas para se proteger contra possíveis crises.

A responsabilidade fiscal na cultura judaica se baseia na ideia de que é preciso cuidar bem do dinheiro e dos recursos, para que possam ser usados de forma eficiente e benéfica. A palavra hebraica para responsabilidade é "achrayut", que também pode ser traduzida como responsabilidade moral ou ética.

Aqui estão sete soluções práticas baseadas na sabedoria da responsabilidade fiscal da cultura judaica:

1. Faça um orçamento: Crie um orçamento realista para controlar seus gastos e priorizar suas despesas.
2. Economize: Reserve uma parte do seu dinheiro para economias e emergências.
3. Invista com sabedoria: Antes de investir, faça sua pesquisa e verifique se o investimento é seguro e lucrativo.
4. Evite dívidas excessivas: Evite gastar mais do que ganha e evite dívidas de alto risco.
5. Seja transparente: Mantenha uma contabilidade clara e precisa de suas finanças pessoais ou empresariais.
6. Mantenha uma reserva de contingência: Crie um fundo de reserva para enfrentar possíveis crises financeiras.
7. Aprenda com os erros: Se você cometer erros financeiros, aprenda com eles e use-os para melhorar suas práticas financeiras no futuro.

CAPÍTULO 43: A INFLUÊNCIA DA CARIDADE NA PROSPERIDADE JUDAICA

Era uma tarde fria de inverno, e David estava andando pelas ruas de Jerusalém, quando viu uma senhora idosa tremendo de frio na calçada. Ela parecia desorientada e confusa, e David se aproximou para oferecer ajuda.

Ele descobriu que a senhora era uma sobrevivente do Holocausto que estava morando sozinha em uma casa sem aquecimento ou comida suficiente. David ficou chocado e imediatamente decidiu fazer algo para ajudá-la.

Ele se lembrou da tradição judaica da caridade, conhecida como Tzedaká, que significa "justiça" ou "retidão", e que exige que os judeus deem uma porcentagem de sua renda para ajudar os menos afortunados.

David começou a trabalhar com organizações de caridade locais para ajudar a senhora idosa, mas ele também decidiu que precisava fazer mais. Ele usou sua posição como empresário bem-sucedido para incentivar outros membros da comunidade a doar e ajudar aqueles que estavam em necessidade.

Com o tempo, a campanha de caridade de David se espalhou pela cidade, e ele foi capaz de ajudar não apenas a senhora idosa, mas também muitas outras pessoas que estavam lutando para sobreviver. Ele descobriu que a caridade não apenas ajudou aqueles que estavam em necessidade, mas também fortaleceu a comunidade como um todo, criando uma sensação de união e compaixão.

A história de David é apenas um exemplo da importância da caridade na cultura judaica. A Tzedaká é vista como uma obrigação moral para os judeus, e é considerada uma das maneiras mais importantes de alcançar a prosperidade e a bênção divina.

A caridade pode assumir muitas formas, desde doações monetárias até oferecer seu tempo e habilidades para ajudar os menos afortunados. Aqui estão sete soluções práticas baseadas na sabedoria da caridade na cultura judaica que todo mundo pode usar em sua vida pessoal: Doe uma porcentagem da sua renda para organizações de caridade que atendem às necessidades dos menos afortunados.

1. Ofereça seu tempo como voluntário em uma organização de caridade que você acredita.
2. Ajude um vizinho idoso ou alguém em necessidade em sua comunidade com uma refeição, serviço de compras, transporte ou assistência médica.
3. Incentive seus amigos e familiares a doar para organizações de caridade.
4. Participe de campanhas de arrecadação de fundos para ajudar os necessitados em sua comunidade ou em todo o mundo.
5. Doe bens ou roupas usados para organizações de caridade.
6. Comece sua própria campanha de caridade para ajudar uma causa ou grupo de pessoas que você se preocupa.

a tradição judaica destaca a importância da caridade como uma prática fundamental para a prosperidade pessoal e coletiva. Nessa cultura, a caridade é vista como um ato de justiça e solidariedade, e não apenas como uma forma de ajudar os mais necessitados.

Uma das palavras em hebraico relacionadas à caridade é "tzedaká", que significa justiça ou caridade. Essa palavra é frequentemente utilizada para se referir às doações e práticas caridosas que são realizadas pelos judeus.

Outra palavra importante é "ma'aser", que significa "dízimo". Na cultura judaica, é comum que as pessoas doem 10% de sua renda para a caridade e para apoiar a comunidade.

Também existe a palavra "chesed", que se refere a uma forma de caridade que vai além do simples ato de doar dinheiro. Essa palavra é frequentemente traduzida como "bondade" ou "amor", e destaca a importância de ser compassivo e cuidadoso com as outras pessoas.

Além disso, a palavra "gemilut chassadim" se refere à prática da caridade em ação. Essa palavra enfatiza a importância de não apenas doar dinheiro, mas também de se envolver em ações concretas para ajudar os necessitados.

Outra palavra importante é "tikkun olam", que significa "reparar o mundo". Essa expressão destaca a importância de fazer a diferença no mundo, contribuindo para a justiça e para o bem-estar da comunidade.

Finalmente, a palavra "mitzvá" se refere a um mandamento ou obrigação. Na cultura judaica, a prática da caridade é vista como uma "mitzvá", ou seja, uma obrigação moral e religiosa.

A língua hebraica oferece um rico vocabulário relacionado à caridade e à responsabilidade social, destacando a importância dessas práticas na cultura judaica e na vida das pessoas em geral.

CAPÍTULO 44: A IMPORTÂNCIA DO AUTOCONHECIMENTO NA CULTURA JUDAICA

Era uma noite escura e silenciosa em uma pequena cidade na Terra Santa. A única luz visível vinha de uma pequena janela no canto de uma casa modesta. Dentro da casa, um jovem judeu estudava a Torá, mergulhado em pensamentos profundos sobre seu propósito na vida.

Esse jovem se chamava Isaac e, apesar de seus muitos talentos e habilidades, estava lutando para encontrar seu caminho na vida. Ele havia passado anos estudando as escrituras sagradas e as tradições de seus antepassados, mas ainda se sentia perdido e confuso.

Uma noite, enquanto estava imerso em seus estudos, ele ouviu uma batida na porta. Ao abri-la, encontrou um velho sábio que ele conhecia de vista. O velho olhou para Isaac e disse: "Meu jovem, há algo que eu quero lhe ensinar. Algo que pode ajudá-lo a encontrar o caminho em sua vida."

Intrigado, Isaac convidou o velho para entrar e sentar-se. O velho pegou um pequeno espelho e disse: "Veja, meu jovem, este espelho reflete sua imagem. Mas, assim como este espelho só pode mostrar o que está na superfície, você também só pode ver o que está na superfície de si mesmo."

Isaac ficou perplexo com as palavras do velho sábio. Ele nunca havia considerado que o autoconhecimento poderia ser tão importante para sua vida. O velho continuou: "Apenas quando você se aprofunda em si mesmo e se conhece verdadeiramente, pode descobrir seu propósito e sua missão neste mundo."

Essa lição deixou uma marca profunda em Isaac, que dedicou o resto de sua vida a aprimorar seu autoconhecimento e descobrir seu verdadeiro propósito. Ele estudou filosofia, meditação e psicologia, e se tornou um líder em sua comunidade.

Palavras em hebraico relacionadas ao tema:

- ידיעת עצמי (yedi'at atzmi): autoconhecimento
- חקירה פנימית (hakirot pnimit): investigação interna
- התבוננות (hitbunenut): introspecção
- מדיטציה (meditatsiya): meditação
- מינהל עצמי (minhal atzmi): autogestão
- מסע פנימי (masa' pnimi): jornada interior
- תכנון חיים (tikhnun hayim): planejamento de vida.

Rivka passou dias e noites refletindo sobre as palavras de seu avô e decidiu que era hora de buscar a ajuda de um rabino sábio em sua comunidade. Ela se dirigiu a ele e explicou sua luta interior e o desejo de se conhecer melhor para que pudesse avançar em sua vida pessoal e espiritual.

O rabino respondeu com sabedoria: "O autoconhecimento é uma jornada longa e desafiadora, mas também é uma das mais recompensadoras que uma pessoa pode empreender. A chave é estar disposto a olhar para dentro de si mesmo com honestidade e coragem, reconhecendo seus pontos fortes e fracos, seus medos e desejos. Somente através desse processo de autoexploração você poderá crescer e se desenvolver em direção a sua melhor versão".

Rivka seguiu o conselho do rabino e começou a se dedicar a práticas diárias de meditação, reflexão e autoanálise. Ela também buscou terapia para ajudá-la a lidar com traumas passados e desenvolver habilidades emocionais saudáveis.

Com o tempo, Rivka notou mudanças significativas em sua vida. Ela se tornou mais confiante e assertiva em suas interações sociais e profissionais, e também se sentiu mais conectada com sua espiritualidade e sua comunidade judaica.

Palavras em hebraico relacionadas ao tema:

1. התבוננות (Hitbonenut) - Reflexão
2. התבודדות (Hitbodedut) - Meditação solitária
3. חשיבה עצמית (Hashivah Atzmit) - Autoanálise
4. פסיכותרפיה (Psikhoterapia) - Terapia
5. עצמאות (Atzmaut) - Autonomia
6. אמונה (Emunah) - Fé
7. עזרה עצמית (Ezra Atzmit) - Autoajuda

Claro, aqui estão 7 soluções práticas para desenvolver o autoconhecimento na vida pessoal:

1. Medite regularmente: reserve um tempo diário para meditar e refletir sobre seus pensamentos e emoções. Isso pode ajudar a aumentar a consciência de si mesmo e melhorar o seu entendimento sobre suas necessidades, valores e objetivos.
2. Faça um diário: escrever sobre seus pensamentos e sentimentos pode ajudar a identificar padrões comportamentais e emocionais, bem como perceber possíveis gatilhos que podem levar a reações desproporcionais.
3. Faça terapia: buscar ajuda de um profissional pode ajudar a identificar questões mais profundas e desenvolver estratégias para lidar com elas.

4. Experimente coisas novas: saia da zona de conforto e experimente atividades e experiências novas. Isso pode ajudar a descobrir novos interesses e habilidades, além de aumentar a confiança e autoestima.
5. Busque feedback: peça opiniões de pessoas próximas e confiáveis sobre seus pontos fortes e áreas de melhoria. Isso pode ajudar a desenvolver uma compreensão mais objetiva de si mesmo e a identificar áreas em que é possível crescer.
6. Pratique a autocompaixão: aprenda a ser gentil consigo mesmo, perdoando erros e aceitando suas limitações. Isso pode ajudar a reduzir a autocrítica e aumentar a confiança.
7. Priorize o tempo a sós: reserve tempo para si mesmo, longe das distrações do mundo. Isso pode ajudar a refletir sobre seus pensamentos e sentimentos, além de ser um momento para relaxar e se conectar consigo mesmo.

CAPÍTULO 45: A SABEDORIA DA FLEXIBILIDADE FINANCEIRA NA CULTURA JUDAICA

A história de Isaac e o negócio de tecelagem de sua família era bem-sucedido. Eles tinham uma loja na cidade e um armazém onde armazenavam os produtos para venda. Mas, em um ano de má colheita, as vendas diminuíram drasticamente e as contas se acumularam. Isaac e sua família enfrentaram dificuldades financeiras e não sabiam como sair dessa situação.

Isaac decidiu buscar conselho com um amigo mais velho e sábio da comunidade judaica. O amigo lhe explicou a importância da flexibilidade financeira na cultura judaica e como isso poderia ajudá-lo em tempos difíceis. Ele explicou que a flexibilidade financeira significa ser capaz de ajustar as finanças de acordo com a situação e ser capaz de lidar com os altos e baixos da vida.

O amigo de Isaac sugeriu que ele reduzisse os custos de sua loja, renegociasse os contratos de aluguel e cortasse despesas desnecessárias. Ele também sugeriu que Isaac procurasse novas oportunidades de negócios para diversificar sua renda.

Isaac seguiu o conselho de seu amigo e, com o tempo, conseguiu superar as dificuldades financeiras. Ele aprendeu a ser mais flexível e adaptável em relação ao seu negócio e finanças pessoais.

Temos outra história de um judeu chamado Moshe, que viveu na cidade de Haifa, em Israel. Ele era um comerciante muito bem-sucedido, mas como todo empresário, passou por altos e baixos financeiros. Em um momento de crise, Moshe lembrou-se da sabedoria da flexibilidade financeira na cultura judaica, que o ensinava a se adaptar às circunstâncias e encontrar soluções criativas para os problemas.

Uma das palavras em hebraico que expressa essa sabedoria é "Kefiyah", que significa "mudança" ou "adaptação". A palavra tem sua origem na raiz hebraica "Kof", que significa "voltar" ou "retornar". Isso mostra que a flexibilidade financeira não é apenas sobre encontrar novas soluções, mas também sobre retornar ao que funcionou no passado e adaptá-lo às circunstâncias atuais.

Outra palavra importante é "Heshbon", que significa "contabilidade". A raiz hebraica dessa palavra, "Shavah", significa "igualar". Isso significa que a sabedoria da flexibilidade financeira na cultura judaica também envolve manter um registro preciso de receitas e despesas, para que se possa encontrar um equilíbrio financeiro e tomar decisões informadas.

Ainda há a palavra "Tikun Olam", que significa "reparar o mundo". Essa ideia é central na cultura judaica e está relacionada à responsabilidade social e ambiental. A flexibilidade financeira também envolve encontrar maneiras de contribuir para a melhoria do mundo, investindo em projetos sociais e ambientais.

Portanto, Moshe aplicou esses princípios em sua empresa, adaptando seus negócios às mudanças do mercado, mantendo um registro preciso das finanças e investindo em projetos sociais. Com o tempo, sua empresa se recuperou da crise e se tornou ainda mais bem-sucedida.

Assim, a sabedoria da flexibilidade financeira na cultura judaica ensina que é preciso estar sempre disposto a mudar, adaptar-se às circunstâncias e encontrar soluções criativas para os problemas financeiros. Além disso, é importante manter um registro preciso das finanças e investir em projetos que beneficiem a sociedade e o meio ambiente.

Na cultura judaica, a flexibilidade financeira é considerada uma sabedoria essencial. Aqui estão 7 soluções práticas que todos podem aplicar em suas vidas pessoais:

1. Esteja preparado para lidar com situações imprevistas, como desemprego ou despesas inesperadas.
2. Diversifique suas fontes de renda, não dependa apenas de uma fonte de renda.
3. Mantenha uma reserva financeira para emergências.
4. Esteja disposto a fazer ajustes em seus gastos e hábitos de consumo, se necessário.
5. Procure oportunidades para reduzir custos em sua vida diária.
6. Considere investir em atividades que possam gerar renda extra.
7. Esteja sempre atento às oportunidades de negócios e seja capaz de identificar novas oportunidades para diversificar suas finanças.

CAPÍTULO 46: A HISTÓRIA DO POVO JUDEU COMO MERCADORES DE SEDA

O sol escaldante batia sobre as estradas poeirentas que ligavam o Oriente ao Ocidente. Os camelos caminhavam pesadamente, carregando sacas cheias de seda, enquanto os comerciantes judeus negociavam com habilidade, aproveitando as oportunidades que surgiam.

A história do povo judeu como mercadores de seda remonta aos tempos antigos, quando a Rota da Seda era a principal via de comércio entre a China e o Mediterrâneo. Os judeus, que eram proibidos de se envolver em muitas atividades econômicas na Europa medieval, encontraram na seda uma oportunidade para se destacar como comerciantes.

A seda era um produto valioso e raro, altamente cobiçado pelas elites europeias. Os judeus desenvolveram habilidades em adquirir, negociar e transportar a seda por longas distâncias. Eles dominaram o comércio de seda e se tornaram uma parte vital da economia medieval, construindo grandes fortunas e estabelecendo redes de comércio internacionais.

A palavra hebraica para seda é "meshi", derivada do latim "masera" e do grego "sêrikon". A seda era tão valiosa que se tornou um símbolo de riqueza e poder, e muitos líderes europeus usavam roupas feitas de seda como uma demonstração de sua posição social.

Os judeus, com sua habilidade em negociação e comércio, foram capazes de capitalizar sobre a demanda por seda e expandir seus negócios para outras áreas, incluindo o comércio de especiarias, metais preciosos e tecidos finos.

Mas a história dos mercadores judeus de seda nem sempre foi fácil. Eles enfrentaram perseguição e discriminação em muitos lugares, incluindo a Espanha durante a Inquisição. Muitos foram forçados a fugir de seus lares e buscar refúgio em outros lugares.

No entanto, a resiliência e a perseverança do povo judeu permitiram que eles superassem esses obstáculos e continuassem a prosperar como comerciantes de seda e em outras áreas.

A palavra hebraica para prosperidade é "hatzlachá", derivada da palavra "tzalach", que significa "ter sucesso" ou "progredir". A história dos mercadores judeus de seda é um exemplo de como a habilidade em comércio e a perseverança podem levar à prosperidade e ao sucesso.

Essa história também mostra a importância de estar sempre atento às oportunidades e de se adaptar às mudanças do mercado. A flexibilidade financeira é uma das chaves para o sucesso nos negócios, especialmente em um mundo em constante evolução.

O legado dos mercadores judeus de seda continua até hoje, inspirando a próxima geração de empreendedores a buscar oportunidades e prosperidade.

As rotas comerciais que levavam a seda e outros produtos

valiosos da Ásia para a Europa passavam por cidades importantes como Constantinopla (hoje Istambul), Veneza e Gênova. O comércio de seda trouxe muitas riquezas para os mercadores judeus, que eram frequentemente envolvidos nessas transações comerciais.

Entre os mercadores judeus mais famosos que trabalhavam com seda na Europa, estava a família Rothschild. Eles foram responsáveis por financiar muitos dos empreendimentos comerciais que permitiram o crescimento econômico da Europa no século XIX. A família Rothschild era conhecida por sua habilidade em fazer negócios e pela sua influência financeira, e muitos dos seus membros se tornaram banqueiros e investidores de sucesso.

O comércio de seda também teve um impacto significativo na cultura judaica. Muitos judeus que se dedicavam a essa atividade comercial eram conhecidos por sua habilidade em negociar e por sua inteligência financeira. Essas habilidades eram altamente valorizadas pelos líderes da comunidade judaica, que muitas vezes os escolhiam para ocupar posições de destaque.

Entre as palavras em hebraico que se relacionam com o comércio de seda, está a palavra "meshi", que significa "seda". A origem etimológica dessa palavra é incerta, mas acredita-se que ela possa estar relacionada com a palavra "mishra", que significa "mistura". Isso pode ser uma referência à mistura de fibras de seda e outras fibras que eram utilizadas na produção de tecidos.

Outra palavra em hebraico relacionada com o comércio de seda é "meshulash", que significa "triplo". Essa palavra era usada para descrever um tecido de seda de três camadas que era muito valorizado na antiguidade. A origem etimológica dessa palavra pode estar relacionada com a palavra "shelosh", que significa "três".

O comércio de seda deixou um legado significativo na história do povo judeu e na cultura judaica. A habilidade em fazer negócios e a inteligência financeira dos mercadores judeus ajudaram a moldar a economia europeia e a influenciar a cultura judaica de maneiras duradouras.

aqui estão sete soluções práticas baseadas na sabedoria da história do povo judeu como mercadores de seda que podem ser aplicadas à vida pessoal e financeira:

1. Identifique oportunidades de negócios: Assim como os mercadores de seda judeus identificaram uma oportunidade de negócios em seu tempo, esteja sempre atento às oportunidades que surgem em seu próprio contexto. Aprenda a identificar lacunas no mercado e necessidades insatisfeitas que possam ser preenchidas com uma nova ideia de negócio.
2. Valorize a qualidade: Para os mercadores de seda judeus, a qualidade era fundamental para o sucesso de seu negócio. Da mesma forma, valorize a qualidade em tudo o que você faz. Seja no seu trabalho, nos produtos que oferece, ou no serviço que presta. A qualidade é a base da reputação e do sucesso a longo prazo.
3. Estabeleça redes de contatos: Os mercadores de seda judeus construíram redes de contatos ao redor do mundo, permitindo-lhes estabelecer relações comerciais em muitos países. Da mesma forma, construa uma rede de contatos sólida que possa ajudá-lo a expandir seus negócios e encontrar novas oportunidades. Faça networking, participe de eventos, junte-se a grupos relevantes em sua área de atuação.
4. Aprenda a se adaptar: A história dos mercadores de seda judeus mostra que é importante ser flexível e se adaptar a mudanças no mercado e na sociedade. Não tenha medo de experimentar novas abordagens ou de se adaptar às necessidades em evolução do seu público-alvo.
5. Invista em seu conhecimento: Os mercadores de seda

judeus eram conhecidos por sua educação e habilidades linguísticas, que lhes permitiam operar em muitos países. Invista em seu próprio conhecimento e habilidades para se manter atualizado e competitivo no mercado. Faça cursos, participe de treinamentos, leia livros e mantenha-se informado sobre as tendências em sua área.

6. Gerencie seu risco: Os mercadores de seda judeus enfrentaram riscos financeiros significativos em seu comércio. Aprenda a gerenciar o risco em seus próprios negócios, investimentos e finanças pessoais. Mantenha uma reserva de emergência, diversifique seus investimentos e faça uma análise cuidadosa antes de tomar grandes decisões financeiras.

7. Cultive a perseverança: A história dos mercadores de seda judeus mostra que a perseverança é fundamental para o sucesso. Haverá obstáculos e desafios em sua jornada, mas é importante continuar avançando e superando esses desafios. Mantenha uma mentalidade resiliente e não desista diante das dificuldades.

CAPÍTULO 47: A IMPORTÂNCIA DO PLANO DE SUCESSÃO EMPRESARIAL NA CULTURA JUDAICA

Em uma pequena vila judaica na Polônia, havia uma família de comerciantes que há gerações mantinha uma próspera loja de tecidos. O patriarca, Yaakov, era um homem de negócios astuto e bem-sucedido, mas sabia que precisava pensar no futuro da empresa e de sua família. Ele começou a planejar o processo de sucessão, buscando um herdeiro que pudesse manter a tradição e a prosperidade da loja por muitos anos.

Yaakov procurou entre seus filhos e netos, mas nenhum parecia ter o perfil ideal para assumir o negócio. Foi então que ele conheceu um jovem aprendiz de alfaiate, chamado Avraham, que trabalhava em uma loja próxima. Avraham era dedicado, inteligente e mostrava um grande interesse pelo ramo têxtil.

Yaakov decidiu investir em Avraham, ensinando-lhe todos os segredos do negócio e preparando-o para assumir a loja no futuro. Com o tempo, Avraham se tornou um excelente comerciante, expandindo o negócio para outras cidades e garantindo a prosperidade da família de Yaakov por muitas gerações.

Em hebraico, a palavra para sucessão é "hatz'ala", que vem da raiz "tzel", que significa "sombra". Essa palavra transmite a ideia de que um líder bem-sucedido deve preparar um sucessor para assumir a "sombra" do seu cargo, ou seja, seguir os seus passos e manter a tradição da empresa ou instituição.

A importância do plano de sucessão empresarial é um tema recorrente na cultura judaica, que valoriza a continuidade das tradições e a garantia da prosperidade futura. Algumas soluções práticas que podem ser aplicadas nesse sentido incluem:

1. Identificar e desenvolver talentos internos: assim como Yaakov reconheceu o potencial de Avraham, é importante que as empresas identifiquem e invistam em talentos internos para prepará-los para assumir posições de liderança no futuro.
2. Estabelecer um processo de sucessão claro: é fundamental que a empresa estabeleça um processo de sucessão claro e transparente, que envolva todos os stakeholders e defina as responsabilidades e etapas do processo.
3. Planejar a transição com antecedência: o planejamento da sucessão deve começar com bastante antecedência, para que o sucessor tenha tempo suficiente para se preparar e para que a transição ocorra de forma suave e tranquila.
4. Investir em capacitação: é importante que o sucessor seja capacitado e treinado para assumir a posição de liderança, recebendo as ferramentas e conhecimentos necessários para gerir a empresa com sucesso.
5. Criar um ambiente de confiança: para que o processo de sucessão seja bem-sucedido, é fundamental que haja confiança e transparência entre o líder e o sucessor, bem como entre a empresa e seus colaboradores e parceiros.
6. Definir metas e objetivos claros: é importante que a empresa defina metas e objetivos claros para o sucessor, de forma que ele possa dar continuidade ao trabalho da

empresa e também ter autonomia para implementação

Sarah sabia que seu pai, que construiu um império de sucesso no ramo de joias, já estava pensando em se aposentar. Ela também sabia que ele estava hesitante em discutir o assunto de um plano de sucessão empresarial com ela e com os outros membros da família. Ele parecia acreditar que admitir que ele precisava de um plano de sucessão significava que ele estava ficando velho e perdendo a capacidade de liderar.

No entanto, Sarah sabia que isso era um equívoco. Um plano de sucessão empresarial é algo que todas as empresas, grandes ou pequenas, precisam ter, independentemente da idade do fundador. Ela tentou explicar isso para seu pai em várias ocasiões, mas ele não parecia estar disposto a ouvi-la.

Sarah então decidiu abordar o assunto de uma maneira diferente. Ela se lembrou de uma história que seu avô costumava contar sobre a importância da transição de gerações e do planejamento cuidadoso do futuro da empresa.

Segundo a história, durante a era bíblica, Moisés, líder do povo judeu, sabia que ele não seria capaz de levar o povo à terra prometida, então ele escolheu um sucessor, Josué, para liderar o povo em seu lugar. Moisés passou seu conhecimento e experiência para Josué, garantindo assim que a transição de liderança fosse suave e bem-sucedida.

A palavra hebraica para sucessor é "yoreh", que vem da raiz "yarah", que significa "instruir". Essa história ilustra a importância do planejamento de sucessão e da transmissão de conhecimentos e experiências para a próxima geração.

Sarah compartilhou essa história com seu pai e explicou como o sucesso duradouro de sua empresa dependia de um plano de sucessão bem elaborado. Finalmente, ele concordou em discutir o assunto com ela e com os outros membros da família.

Eles trabalharam juntos para criar um plano de sucessão detalhado que garantiria que a empresa permanecesse nas mãos da família e que houvesse uma transição suave e bem-sucedida para a próxima geração. Com esse plano em vigor, Sarah sentiu-se mais confiante de que a empresa de sua família continuaria a prosperar por muitas gerações.

Palavras em hebraico:

- Moisés: Moshe (משה)
- Sucessor: Yoreh (יורה)
- Instruir: Yarah (ירה)

Etymologia:

- Moshe vem da palavra egípcia "mose", que significa "filho", mas também pode ser interpretada como "tirado das águas", referindo-se à história em que a mãe de Moisés o colocou em um cesto no rio para salvá-lo da ordem do faraó de matar todos os bebês hebreus do sexo masculino.
- Yoreh vem da raiz hebraica "yarah", que significa "instruir" ou "apontar".
- Yarah tem origem na palavra acadiana "eru", que significa "atirar", "lançar" ou "apontar", e também é usada no sentido figurado de "ensinar".

CAPÍTULO 48: A SABEDORIA DA DIFERENCIAÇÃO FINANCEIRA NA CULTURA JUDAICA

Era uma vez, em uma pequena comunidade judaica, havia um comerciante que vendia itens básicos de necessidade, como alimentos, roupas e materiais de construção. No entanto, ele percebeu que muitos de seus clientes também estavam procurando por produtos mais exclusivos e de alta qualidade, como tecidos finos e jóias.

Então, ele decidiu mudar seu foco de negócio e começou a importar esses itens de outras regiões do mundo para atender à demanda de seus clientes. Com o tempo, sua loja se tornou conhecida não apenas por seus itens básicos, mas também por sua seleção exclusiva e de alta qualidade de produtos.

Essa história ilustra a importância da diferenciação financeira na cultura judaica. A ideia é que, ao se concentrar em oferecer algo exclusivo e de alta qualidade, você pode criar um nicho de mercado e aumentar a demanda por seus produtos ou serviços. Isso pode levar a um aumento nas receitas e lucros, bem como a uma maior lealdade do cliente.

Em hebraico, a palavra para "diferenciação" é "havdalah". A palavra vem da raiz "havdal", que significa "separar" ou "distinguir". Na cultura judaica, a havdalah é uma cerimônia que marca o fim do Shabat e o início de uma nova semana. É um momento para separar o sagrado do profano, o dia de descanso do trabalho.

No mundo dos negócios, a havdalah pode ser vista como uma oportunidade para separar seu negócio dos concorrentes e criar algo único e exclusivo. Aqui estão algumas soluções práticas que você pode usar para aplicar a sabedoria da diferenciação financeira em sua própria vida:

1. Identifique uma necessidade ou desejo exclusivo que seus clientes tenham e que ainda não esteja sendo atendido no mercado.
2. Faça uma pesquisa de mercado para determinar se há demanda suficiente para esse produto ou serviço exclusivo.
3. Desenvolva um plano de negócios para implementar sua ideia exclusiva, levando em consideração custos, lucros e potenciais obstáculos.
4. Concentre-se na qualidade e exclusividade de seus produtos ou serviços, e enfatize isso em sua estratégia de marketing.
5. Mantenha-se atualizado sobre as tendências do mercado e esteja disposto a fazer mudanças para se adaptar às necessidades dos clientes.
6. Crie uma marca forte e diferenciada para seus produtos ou serviços, usando slogans, logotipos e cores únicas.
7. Ofereça um excelente atendimento ao cliente para manter a lealdade do cliente e aumentar as chances de recomendações boca a boca.

CAPÍTULO 49: A INFLUÊNCIA DA HONESTIDADE INTELECTUAL NA PROSPERIDADE JUDAICA

Era uma vez, em uma pequena comunidade judaica, havia dois comerciantes que vendiam produtos semelhantes. Um deles era conhecido por ser desonesto, muitas vezes enganando seus clientes em troca de lucro rápido. O outro comerciante, por outro lado, era conhecido por sua honestidade e integridade em seus negócios. Embora seus preços fossem um pouco mais altos, as pessoas sabiam que podiam confiar nele.

Certa vez, um viajante rico passou pela cidade e ficou interessado nos produtos desses dois comerciantes. Ele perguntou aos moradores locais sobre os dois e descobriu sobre a reputação de cada um. Ao final, decidiu comprar apenas do comerciante honesto, apesar dos preços mais altos, pois valorizava a honestidade e integridade em seus negócios.

Essa história mostra a importância da honestidade intelectual na cultura judaica e como isso pode influenciar a prosperidade financeira de uma pessoa ou comunidade. Em hebraico, a palavra para honestidade é "yashrut" (יִשְׁרוּת), que vem da raiz "yashar" (שְׁרִי), que significa "reto" ou "direito". Essa raiz aparece em várias passagens bíblicas que enfatizam a importância da justiça e da honestidade em todas as áreas da vida.

Além disso, a cultura judaica enfatiza a importância de "ma'at" (מַעֲט), que significa "verdade", "retidão" e "honestidade". A Torá ensina que devemos ser honestos em nossas transações comerciais e sermos justos com os outros, independentemente de nossa própria vantagem financeira.

Algumas soluções práticas para incorporar a honestidade intelectual em nossas vidas financeiras incluem:

1. Ser transparente e honesto em nossas transações comerciais
2. Agir com integridade em todas as áreas de nossas vidas, não apenas em nossos negócios
3. Fazer escolhas financeiras baseadas em valores éticos, em vez de apenas em ganhos financeiros
4. Ser honesto conosco sobre nossas próprias limitações e fraquezas financeiras
5. Ser sincero ao lidar com nossos credores e fornecedores, mesmo em momentos difíceis
6. Manter um registro claro e preciso de nossas finanças, para que possamos ser transparentes com outras pessoas e tomar decisões informadas
7. Praticar a gratidão e a generosidade, reconhecendo que a prosperidade financeira não é apenas sobre ganhar dinheiro, mas também sobre fazer a coisa certa e ser grato pelo que temos.

CAPÍTULO 50: A IMPORTÂNCIA DA AUTO-DISCIPLINA NA CULTURA JUDAICA

Era uma vez um jovem estudante judeu chamado Yossi, que vivia na cidade de Jerusalém. Ele era um estudante dedicado e disciplinado, que passava horas e horas estudando a Torá e os ensinamentos dos sábios judeus.

Um dia, enquanto passeava pelo mercado da cidade, Yossi viu um vendedor vendendo uma flauta muito bonita. Ele se apaixonou pela flauta e decidiu comprá-la, mas percebeu que não tinha dinheiro suficiente para pagar o preço pedido pelo vendedor.

Yossi ficou desapontado e decidiu voltar para casa. No caminho, ele se encontrou com um velho sábio judeu que percebeu a tristeza em seu rosto e perguntou o que estava errado.

Yossi contou ao sábio sobre a flauta e sua falta de dinheiro para comprá-la. O sábio sorriu e disse a Yossi que ele tinha uma solução para seu problema.

Ele ensinou a Yossi uma palavra em hebraico: "musar", que significa auto-disciplina. O sábio explicou que a auto-disciplina é a chave para a prosperidade na cultura judaica, e que se Yossi praticasse a auto-disciplina em seus estudos, ele seria recompensado com sucesso financeiro no futuro.

Yossi levou o conselho do sábio a sério e se concentrou em seus estudos com ainda mais dedicação e disciplina. Ele conseguiu se destacar em sua escola e, eventualmente, tornou-se um rabino respeitado em sua comunidade.

Com o tempo, Yossi alcançou a prosperidade financeira que tanto desejava, e finalmente pôde comprar a flauta que tanto queria. Ele nunca esqueceu a lição que aprendeu sobre a importância da auto-disciplina na cultura judaica.

A palavra "musar" tem origem na palavra hebraica "mashal", que significa "proverbial". Na cultura judaica, os "mashalim" são histórias e provérbios usados para ensinar lições morais e éticas. A palavra "musar" refere-se à disciplina ética que é ensinada por meio dessas histórias e provérbios.

Algumas outras palavras em hebraico relacionadas à auto-disciplina incluem "hagut", que significa autocontrole, e "bitachon", que significa confiança e fé em Deus.

Aqui estão sete soluções práticas que podem ajudar qualquer pessoa a praticar a auto-disciplina em sua vida pessoal e financeira:

1. Defina metas claras e realistas para si mesmo.
2. Crie um plano de ação para alcançar essas metas.
3. Fique comprometido com seu plano de ação, mesmo quando enfrentar obstáculos.
4. Pratique a auto-reflexão regularmente para avaliar seu progresso e fazer ajustes, se necessário.
5. Priorize seu tempo e recursos de maneira estratégica, concentrando-se nas atividades e investimentos que o levarão mais perto de suas metas.
6. Evite a tentação de se desviar do caminho com gastos impulsivos ou decisões financeiras arriscadas.
7. Mantenha-se motivado lembrando-se de sua visão a longo

CAPÍTULO 51: A SABEDORIA DO INVESTIMENTO EM PESSOAS NA CULTURA JUDAICA

Era uma vez um jovem rabino chamado Levi, que viajou para uma cidade distante para estudar com um grande sábio da Torá. Durante seu tempo lá, ele fez amizade com um comerciante rico chamado Shlomo, que era conhecido por sua generosidade e sabedoria financeira. Shlomo notou o talento e o potencial de Levi, e começou a investir em sua educação e desenvolvimento pessoal.

Shlomo pagou pelo treinamento adicional de Levi em negócios e finanças, ajudando-o a expandir seu conhecimento e habilidades. Ele também conectou Levi com outros líderes e empresários na comunidade judaica, dando-lhe a oportunidade de aprender com suas experiências.

Com o tempo, Levi se tornou um dos líderes mais respeitados em sua comunidade. Ele usou sua educação e conexões para ajudar outros jovens a desenvolver suas próprias habilidades e potencial. E ele continuou o legado de Shlomo, investindo em outras pessoas e apoiando suas jornadas pessoais e profissionais.

A palavra hebraica para "investimento" é "hashpá'a" (השפעה), que vem da raiz "shafá" (שפע), que significa "influência" ou "impacto". Na cultura judaica, o investimento em pessoas é altamente valorizado, pois é visto como uma maneira de causar um impacto positivo duradouro na sociedade.

Alguns outros termos hebraicos que se relacionam com o investimento em pessoas incluem "chinuch" (חינוך), que significa "educação" ou "treinamento", e "talmid" (תלמיד), que significa "aluno" ou "discípulo". Esses termos enfatizam a importância de aprender e crescer constantemente, e de passar adiante esse conhecimento e experiência para os outros.

Algumas soluções práticas relacionadas ao investimento em pessoas na cultura judaica incluem:

1. Aprender com mentores e sábios: Busque a orientação e conselho de pessoas mais experientes em áreas que você deseja crescer.
2. Compartilhar conhecimento: Compartilhe seu conhecimento e experiência com outras pessoas, especialmente jovens que estão apenas começando.
3. Oferecer oportunidades: Ajude as pessoas a desenvolver suas habilidades e potencial, oferecendo-lhes oportunidades de aprendizado e crescimento.
4. Construir redes de apoio: Conecte-se com outras pessoas na sua área de interesse, formando redes de apoio e aprendizagem mútua.
5. Investir em treinamento e educação: Busque treinamentos e cursos que possam ajudá-lo a desenvolver suas habilidades e conhecimentos.
6. Aprender com a experiência: Aproveite as oportunidades para aprender com os erros e sucessos das pessoas ao seu redor.
7. Continuar aprendendo: Nunca pare de aprender e crescer. Mantenha-se atualizado com as últimas tendências e práticas em sua área de interesse.

CAPÍTULO 52: A HISTÓRIA DO POVO JUDEU NA BOLSA DE VALORES

O sol escaldante iluminava o agitado mercado de Jaffa, em Israel, onde os comerciantes locais vendiam suas mercadorias e barganhavam com os clientes. Em meio a esse frenesi, um homem de meia-idade com uma barba espessa e uma kipá na cabeça se destacava, observando atentamente as transações.

Esse homem era Shlomo, um judeu que havia se dedicado a aprender tudo sobre a Bolsa de Valores, uma atividade ainda pouco comum naquele tempo. Com sua inteligência e habilidade nos negócios, ele decidiu começar a investir na Bolsa.

Inicialmente, as pessoas zombavam dele, achando que o mercado de ações era muito arriscado e instável. Mas Shlomo persistiu, estudando as empresas e monitorando suas ações. Ele logo começou a colher os frutos de seus investimentos, tornando-se uma figura respeitada no mercado financeiro.

A história de Shlomo se espalhou e outros judeus começaram a seguir seu exemplo, investindo em ações e ajudando a construir um dos mercados de ações mais prósperos do mundo.

Na cultura judaica, a história de Shlomo e outros comerciantes judeus que se aventuraram no mundo das finanças é uma fonte de inspiração. Os judeus acreditam que é importante usar seu intelecto para entender as oportunidades financeiras e investir sabiamente.

Algumas palavras em hebraico que ilustram essa sabedoria incluem:

1. נִיצָחוֹן (nitzachon) - vitória, triunfo
2. חָכְמָה (chachamah) - sabedoria
3. הַשְׂכָּלָה (haskalah) - inteligência, discernimento
4. עֶרֶךְ (arech) - valor, preço
5. הַצְלָחָה (hatslachah) - sucesso
6. אֱמוּן (emun) - confiança
7. הֶפְקֵר (hefker) - propriedade sem dono, coisa abandonada.

Essas palavras refletem a crença dos judeus de que a prosperidade financeira pode ser alcançada com inteligência, sabedoria e disciplina, bem como a importância de investir em si mesmo e nas oportunidades que surgem.

aqui estão 7 soluções práticas relacionadas ao tema da história do povo judeu na bolsa de valores:

1. Educação Financeira: Busque entender e se educar sobre finanças e investimentos, antes de investir na bolsa de valores.
2. Diversificação de Investimentos: Nunca invista todo seu dinheiro em uma única ação ou setor. É importante distribuir os investimentos em diferentes empresas e setores.
3. Análise Fundamentalista: Utilize ferramentas de análise fundamentalista, como balanços financeiros e projeções de crescimento, para avaliar empresas antes de investir nelas.
4. Análise Técnica: Aprenda a utilizar ferramentas de análise técnica, como gráficos de preços e indicadores, para identificar tendências de mercado e oportunidades de investimento.

5. Paciência e Disciplina: A bolsa de valores pode ser volátil e os preços das ações podem flutuar bastante. Tenha paciência e disciplina para manter seus investimentos por períodos mais longos e não se deixar levar pelo medo ou ganância.
6. Diversificação Geográfica: Não invista apenas em empresas nacionais, busque diversificar também em empresas estrangeiras.
7. Acompanhamento Constante: Mantenha-se atualizado sobre o mercado financeiro e acompanhe regularmente seus investimentos, para tomar decisões mais embasadas e conscientes.

CAPÍTULO 53: A IMPORTÂNCIA DA GESTÃO DE TEMPO NA CULTURA JUDAICA

Era uma vez um rabino sábio chamado Yitzhak. Ele era conhecido por sua sabedoria em muitas áreas, mas especialmente em gerenciamento de tempo. Um dia, um de seus alunos perguntou: "Rabino, como você consegue fazer tanto em um único dia?"

Yitzhak respondeu: "Meu querido aluno, a gestão do tempo é um dos segredos mais importantes da vida. Em hebraico, a palavra para tempo é 'zman'. Essa palavra vem da raiz 'zimun', que significa preparação. É importante estar preparado e usar o tempo sabiamente."

O aluno perguntou como ele poderia fazer isso. Yitzhak respondeu: "Primeiro, é preciso priorizar as tarefas. Em hebraico, a palavra para priorizar é 'lehistader'. Essa palavra vem da raiz 'hadar', que significa beleza. Priorizar as tarefas é embelezar o seu tempo. É importante se perguntar: O que é mais importante agora?"

"Segundo, é preciso estabelecer um horário para cada tarefa. Em hebraico, a palavra para horário é 'zman'. Quando você estabelece um zman para cada tarefa, você garante que todas serão feitas a tempo."

"Terceiro, é preciso se concentrar em uma tarefa de cada vez. Em hebraico, a palavra para concentração é 'hishtavut'. Essa palavra vem da raiz 'shaveh', que significa igual. Quando você se concentra em uma tarefa de cada vez, você garante que cada uma receba a atenção igual que merece."

"Quarto, é preciso evitar distrações. Em hebraico, a palavra para distração é 'hefker'. Essa palavra significa vazio ou sem valor. Quando você se distrai, perde tempo valioso que poderia ser usado para coisas mais importantes."

"Quinto, é preciso delegar tarefas quando possível. Em hebraico, a palavra para delegar é 'lehashliach'. Essa palavra vem da raiz 'shelichut', que significa agência. Quando você delega tarefas, você confia em outras pessoas para realizar algo em seu nome, liberando tempo para outras coisas importantes."

"Sexto, é preciso descansar. Em hebraico, a palavra para descanso é 'menucha'. Essa palavra vem da raiz 'nuach', que significa descansar. Quando você descansa, renova sua energia e pode voltar a trabalhar com mais eficiência."

"Sétimo, é preciso ser flexível. Em hebraico, a palavra para flexibilidade é 'meychol'. Essa palavra vem da raiz 'chol', que significa mudança. Às vezes, as coisas não saem como planejado e é preciso ser flexível para se adaptar às mudanças."

Com essas dicas, Yitzhak ensinou ao seu aluno a importância da gestão do tempo na cultura judaica. Eles partiram para colocá-las em prática, sabendo que o tempo é um recurso valioso que deve ser usado com sabedoria.

Certamente! Aqui estão algumas soluções práticas relacionadas à gestão do tempo na cultura judaica:

1. Priorize suas atividades - Classifique suas tarefas por ordem de importância e urgência. Reserve um tempo para

se concentrar nas tarefas mais importantes e deixe as menos importantes para mais tarde.
2. Planeje seu dia - Faça um plano diário que inclua suas atividades pessoais e profissionais. Certifique-se de que você tem tempo suficiente para se dedicar a cada uma delas.
3. Seja pontual - A pontualidade é uma virtude importante na cultura judaica. Sempre tente chegar a tempo para seus compromissos.
4. Evite a procrastinação - Adie as tarefas importantes só aumentará seu estresse e ansiedade. Em vez disso, comece a trabalhar nas tarefas assim que possível.
5. Gerencie suas distrações - As distrações, como as mídias sociais, podem desperdiçar muito do seu tempo. Tente limitar o tempo que você passa em distrações e reserve mais tempo para atividades produtivas.
6. Aprenda a delegar - Se você tem muitas responsabilidades, não tenha medo de delegar algumas tarefas para outras pessoas confiáveis. Isso pode ajudá-lo a economizar tempo e energia.
7. Tire um tempo para descansar - É importante ter tempo para descansar e recarregar. Reserve um tempo para atividades que você gosta, como hobbies e passatempos. Isso pode ajudar a reduzir o estresse e aumentar sua produtividade.

CAPÍTULO 54: A SABEDORIA DA SIMPLICIDADE FINANCEIRA NA CULTURA JUDAICA

Era uma vez um jovem judeu chamado Isaac, que cresceu em uma família modesta, mas trabalhadora. Desde cedo, ele aprendeu com seus pais a importância de economizar dinheiro e viver de forma simples. Quando cresceu, Isaac tornou-se um empresário bem-sucedido, mas nunca se esqueceu das lições que aprendeu em casa.

Um dia, enquanto caminhava pelas ruas de Jerusalém, Isaac notou um grupo de pessoas ao redor de um homem que falava sobre investimentos e negócios complicados. Ele se aproximou para ouvir e ficou impressionado com a complexidade das ideias que estavam sendo discutidas. Mas também percebeu que muitas pessoas pareciam confusas e sobrecarregadas com tanta informação.

Isaac voltou para casa pensando naquilo que viu e decidiu que iria fazer algo diferente. Ele criou um negócio baseado na simplicidade financeira, oferecendo investimentos e serviços financeiros fáceis de entender e acessíveis para pessoas comuns.

O negócio cresceu rapidamente e tornou-se um sucesso.

Na cultura judaica, a simplicidade financeira é valorizada por muitas razões. Uma delas é que ela promove a transparência e a honestidade, permitindo que as pessoas entendam facilmente os termos e condições dos investimentos e evitem serem enganadas. Além disso, a simplicidade também encoraja as pessoas a viverem dentro de seus meios, evitando dívidas e problemas financeiros desnecessários.

Em hebraico, a palavra para simplicidade é "פשטות" (pashutut), que vem da raiz "פשט" (pashat), que significa "espalhar" ou "estender". Essa raiz também é usada na tradição judaica para se referir ao ato de estender a mão para ajudar os necessitados.

Algumas soluções práticas para implementar a simplicidade financeira na vida pessoal incluem:

1. Evite investimentos complexos e arriscados, optando por opções mais simples e seguras.
2. Crie um orçamento mensal e evite gastos desnecessários.
3. Elimine dívidas o mais rápido possível e evite novas dívidas.
4. Aprenda sobre finanças pessoais e invista em sua própria educação financeira.
5. Use a tecnologia para facilitar o gerenciamento financeiro, como aplicativos de orçamento e rastreamento de gastos.
6. Mantenha as coisas simples ao tomar decisões financeiras, evitando se deixar levar por emoções ou pressão social.
7. Compartilhe seus conhecimentos e recursos financeiros com aqueles que precisam, promovendo a simplicidade financeira na comunidade.

CAPÍTULO 55: A INFLUÊNCIA DA RESPONSABILIDADE AMBIENTAL NA PROSPERIDADE JUDAICA

Era uma vez um pequeno vilarejo judeu em meio a uma densa floresta. Os moradores locais eram conhecidos por sua conexão com a natureza e pela responsabilidade ambiental que tinham em relação ao seu entorno.

Em um verão particularmente seco, quando as florestas estavam sofrendo com a falta de chuva, um dos líderes da comunidade teve uma ideia. Ele convocou uma reunião com os habitantes do vilarejo e propôs que todos trabalhassem juntos para plantar árvores e aumentar a cobertura verde na região.

Inicialmente, alguns moradores ficaram céticos, afirmando que plantar árvores seria uma tarefa difícil e que não valeria a pena. Mas, aos poucos, o líder conseguiu convencê-los de que essa era a coisa certa a fazer.

Os moradores, então, começaram a trabalhar juntos, limpando áreas para plantio e adquirindo mudas de árvores. Eles dedicaram horas de seu tempo livre para plantar e cuidar das mudas, regando-as diariamente e protegendo-as dos animais que poderiam comê-las.

Com o tempo, as árvores começaram a crescer e florescer, e a floresta começou a se recuperar. Os habitantes do vilarejo estavam felizes em ver a beleza da natureza se renovando e agradeciam uns aos outros pela iniciativa e trabalho duro que haviam realizado.

Na cultura judaica, a responsabilidade ambiental é altamente valorizada. A palavra hebraica para meio ambiente é "HaTeva", que significa literalmente "a natureza". A palavra "Teva" tem raiz na palavra hebraica "tov", que significa "bom" ou "bem". Portanto, a ideia de cuidar da natureza é vista como uma maneira de fazer o bem para o mundo e para as gerações futuras.

Algumas soluções práticas para a responsabilidade ambiental na cultura judaica incluem:

1. Observar o Shabat e outras festividades religiosas de maneira ecológica, evitando desperdício e consumo excessivo;
2. Praticar a "Shmitá", um ciclo de sete anos em que a terra é deixada em descanso para se recuperar e restaurar a fertilidade;
3. Usar produtos de limpeza ecológicos e biodegradáveis;
4. Reduzir o uso de plásticos e outros materiais descartáveis, preferindo utensílios e embalagens reutilizáveis;
5. Promover a reciclagem e o descarte correto de resíduos;
6. Apoiar e participar de projetos de reflorestamento e conservação ambiental;
7. Ser consciente do impacto ambiental das atividades econômicas e buscar soluções sustentáveis para reduzir esse impacto.

CAPÍTULO 56: A IMPORTÂNCIA DO PERDÃO NA CULTURA JUDAICA

Era uma vez uma pequena comunidade judaica que vivia em paz e harmonia, até que um dia um grande conflito surgiu entre dois vizinhos. Um deles havia danificado a plantação do outro acidentalmente, mas se recusava a admitir sua culpa e pagar pelo prejuízo. O prejuízo causou grandes consequências financeiras para a vítima, que ficou amargurada e cheia de rancor.

Os líderes da comunidade tentaram intervir para resolver o conflito, mas nada parecia funcionar. Foi então que o rabino da comunidade teve uma ideia: ele convocou uma reunião em que pediu a cada um dos envolvidos que escrevesse uma carta de perdão ao outro.

No começo, os dois se recusaram a participar, mas a pressão dos demais membros da comunidade acabou por convencê-los. Quando finalmente leram as cartas um do outro, ficaram emocionados ao descobrir que ambos estavam dispostos a deixar o conflito para trás e seguir em frente.

Essa história ilustra a importância do perdão na cultura judaica, que valoriza a reconciliação e a resolução pacífica de conflitos. A palavra hebraica para perdão é "selichá", que tem origem na raiz "salach", que significa "perdoar", "remover" ou "apagar".

Na tradição judaica, o perdão é um ato de misericórdia que deve ser concedido não apenas para aqueles que pedem perdão, mas também para aqueles que não o fazem. Acredita-se que a verdadeira reconciliação só pode acontecer quando ambos os lados estão dispostos a deixar o passado para trás e seguir em frente.

Além disso, o perdão é considerado uma das chaves para a prosperidade na cultura judaica. Acredita-se que manter ressentimentos e amargura pode levar a uma vida infeliz e improdutiva, enquanto o perdão libera a mente e o coração para se concentrar em coisas mais positivas e construtivas.

Algumas práticas para incorporar o perdão na vida cotidiana incluem: ser rápido em pedir desculpas, mesmo quando você não é o culpado; ser generoso em perdoar os outros, mesmo quando você foi a vítima; e lembrar-se de que o perdão é um processo contínuo, que pode levar tempo e esforço para ser alcançado plenamente.

aqui estão 7 soluções práticas relacionadas ao tema da importância do perdão na cultura judaica:

1. Pratique a compaixão - tente entender a perspectiva do outro e demonstrar empatia, mesmo que seja difícil.
2. Aceite responsabilidade - assuma a responsabilidade por suas próprias ações e erros e peça desculpas sinceramente.
3. Aprenda com o passado - examine o que aconteceu no passado e o que poderia ter sido feito de forma diferente para evitar conflitos.
4. Seja honesto consigo mesmo - reconheça seus próprios sentimentos e medos em relação à situação e trabalhe para superá-los.
5. Evite ser defensivo - escute o outro lado e evite ficar na defensiva ou tentar justificar suas ações.

6. Estabeleça limites saudáveis - se a relação ainda for difícil, estabeleça limites saudáveis para proteger sua própria paz e bem-estar emocional.
7. Seja paciente - o perdão pode levar tempo e requer esforço contínuo para manter a paz e reconciliação. Seja paciente e não desista.

CAPÍTULO 57: A SABEDORIA DA RESERVA FINANCEIRA NA CULTURA JUDAICA

Era uma vez um homem judeu chamado Avi, que trabalhava duro em sua loja de tecidos em Jerusalém. Avi era conhecido por ser um comerciante astuto e bem-sucedido, mas ele também sabia que a vida poderia ser imprevisível e que era importante estar preparado para qualquer eventualidade.

Avi era um homem sábio, que seguia os ensinamentos da Torá e acreditava que a responsabilidade financeira era uma parte fundamental da vida. Ele entendia a importância da reserva financeira e sempre procurava economizar parte de seus lucros para garantir que pudesse enfrentar qualquer emergência financeira.

Certa vez, uma forte tempestade destruiu sua loja, causando um grande prejuízo. Mas Avi não se desesperou, pois tinha uma reserva financeira guardada, que pôde ser utilizada para cobrir as despesas necessárias e recuperar o seu negócio.

Avi ensinou a seus filhos e netos a importância de ter uma reserva financeira e como economizar para construí-la. Ele acreditava que a reserva financeira não era apenas uma questão de preparação para emergências, mas também era uma forma de paz de espírito e segurança financeira para si e para sua família.

Na cultura judaica, a reserva financeira é conhecida como "chomat anach", que significa "uma parede de segurança". O termo "chomat" deriva da palavra hebraica "chom", que significa "parede", enquanto "anach" significa "segurança" ou "proteção".

A reserva financeira é uma parte importante da sabedoria financeira judaica e é vista como uma forma de responsabilidade pessoal e proteção financeira. Aqui estão 7 soluções práticas para construir uma reserva financeira na cultura judaica:

1. Comece pequeno: Comece a economizar uma pequena quantia de dinheiro regularmente e aumente essa quantia com o tempo.
2. Estabeleça uma meta: Defina uma meta financeira realista para sua reserva financeira e acompanhe seu progresso regularmente.
3. Crie um orçamento: Faça um orçamento para seus gastos e despesas e identifique áreas em que você possa reduzir os custos para economizar mais dinheiro.
4. Invista em um plano de aposentadoria: Um plano de aposentadoria pode ser uma ótima maneira de economizar dinheiro automaticamente e crescer sua reserva financeira com o tempo.
5. Evite dívidas: Evite acumular dívidas desnecessárias e pague as dívidas existentes o mais rápido possível para evitar juros.
6. Mantenha sua reserva financeira separada: Mantenha sua reserva financeira separada de suas contas correntes e poupanças regulares para garantir que esteja disponível apenas em caso de emergência.
7. Mantenha-se fiel à sua reserva financeira: Reserve sua reserva financeira para emergências financeiras genuínas e evite usá-la para despesas desnecessárias ou supérfluas.

CAPÍTULO 58: A HISTÓRIA DO POVO JUDEU COMO PROPRIETÁRIOS DE TERRAS

Era uma vez uma pequena comunidade judaica que vivia em um pequeno vilarejo na Europa Oriental. Eles eram conhecidos como donos de vastas terras, que eram passadas de geração em geração, e cuidavam delas com muito amor e dedicação.

Porém, um dia, um poderoso nobre local decidiu que queria expandir suas propriedades e colocou seus olhos nas terras dos judeus. Ele não se importou com o fato de que essas terras eram passadas de pai para filho há gerações e eram a única fonte de sustento da comunidade.

O nobre usou sua influência e poder para forçar os judeus a venderem suas terras por um preço muito abaixo do valor real. Os judeus, que não tinham escolha a não ser concordar, perderam tudo o que tinham e foram obrigados a deixar suas terras.

Essa história triste mostra como a propriedade de terras, que era uma fonte de orgulho e sustento para os judeus, foi tomada deles à força por um nobre ganancioso. Eles aprenderam da pior forma possível que, por mais que valorizassem suas terras, a influência e poder de outros poderia facilmente tirá-las de suas mãos.

Em hebraico, a palavra para terras é "אדמה" (adamah), que também é usada para se referir à terra como um todo, incluindo o solo, a natureza e o meio ambiente. Essa palavra tem raiz na palavra "אדם" (adam), que significa "ser humano". Isso mostra como a conexão entre a terra e os seres humanos é importante na cultura judaica e como a perda de terras pode ter consequências devastadoras para as comunidades.

Depois de anos de perseguição, expulsões e pogroms, muitos judeus perceberam que a segurança financeira era uma necessidade premente. Sem acesso à propriedade da terra, muitos começaram a se dedicar a negócios e comércio.

Ao longo dos séculos, os judeus adquiriram uma reputação de habilidade e sucesso no mundo financeiro. Com suas redes de contatos e conhecimento das linguagens e culturas internacionais, muitos judeus se tornaram negociantes de sucesso, banqueiros e investidores.

Alguns podem dizer que a necessidade de sobrevivência forçou os judeus a se tornarem bem-sucedidos financeiramente, mas a cultura judaica também valoriza a importância da sabedoria financeira e da ética nos negócios. Os ensinamentos religiosos judaicos enfatizam a responsabilidade pessoal pelo uso adequado do dinheiro e o cuidado para evitar a exploração de outros.

Com esses valores em mente, muitos judeus entraram no mundo financeiro com a intenção de não apenas ganhar dinheiro para si mesmos, mas também ajudar suas comunidades e causas. E essa ética empresarial, aliada ao conhecimento financeiro e à rede de contatos, tem sido uma das razões pelas quais os judeus se destacam no mundo financeiro.

Claro, aqui estão 7 soluções práticas relacionadas ao tema "A História do Povo Judeu como Proprietários de Terras":

1. Diversificar investimentos: em vez de investir em apenas um tipo de ativo, é importante diversificar os investimentos em diferentes áreas, como imóveis, ações, títulos, entre outros.
2. Planejar a sucessão: para evitar conflitos familiares e perda de patrimônio, é importante ter um plano de sucessão bem estruturado, que inclua o testamento, a distribuição de bens, a nomeação de tutores para os filhos menores, entre outros.
3. Focar em educação financeira: é importante ter conhecimentos sobre finanças para tomar decisões mais conscientes e seguras em relação aos investimentos, além de ter uma melhor gestão financeira pessoal.
4. Utilizar serviços de consultoria financeira: para aqueles que não têm conhecimentos avançados em finanças, é recomendável utilizar os serviços de um consultor financeiro para orientação nas decisões de investimento.
5. Fazer análise de risco: antes de investir em qualquer tipo de ativo, é importante fazer uma análise de risco para entender as possibilidades de ganho e perda, e assim tomar uma decisão mais segura.
6. Estabelecer metas financeiras claras: ter metas financeiras claras ajuda a manter o foco nos investimentos e a traçar um plano de ação para alcançá-las.
7. Ser disciplinado: para obter sucesso nos investimentos, é preciso ter disciplina para seguir o plano de investimento e evitar decisões impulsivas que possam comprometer o patrimônio.

CAPÍTULO 59: A IMPORTÂNCIA DA COOPERAÇÃO NA CULTURA JUDAICA

Era uma vez uma pequena vila judaica que passava por momentos difíceis. A colheita não havia sido boa e as famílias estavam preocupadas com o futuro. Foi então que o líder da comunidade decidiu convocar uma reunião para discutir uma solução para o problema.

Na reunião, os moradores decidiram que a melhor forma de superar a crise era através da cooperação mútua. Cada família contribuiria com o que podia e todos trabalhariam juntos para garantir o sustento de todos.

Assim, as famílias se uniram e começaram a trabalhar na plantação de hortaliças e legumes. Alguns tinham terras, outros tinham ferramentas, e todos tinham sua força de trabalho. Com a cooperação, a produção aumentou e a vila voltou a prosperar.

Além disso, os moradores também decidiram criar uma cooperativa de crédito para ajudar aqueles que precisavam de um empréstimo para investir em seus negócios. A cooperativa era administrada pelos próprios moradores e tinha como objetivo incentivar o empreendedorismo na comunidade.

Com o tempo, a cooperativa de crédito cresceu e se tornou uma das principais fontes de financiamento da região. Através da cooperação, os moradores da vila conseguiram superar a crise e construir uma comunidade mais forte e unida.

Na cultura judaica, a cooperação é valorizada como uma forma de ajudar o próximo e construir uma sociedade mais justa e solidária. A palavra hebraica para cooperação é "שיתוף פעולה" (shituf pe'ula), que significa "parceria de ação". A cooperação é vista como uma parceria entre pessoas que trabalham juntas para alcançar um objetivo em comum.

Algumas soluções práticas para incentivar a cooperação na comunidade incluem:

1. Promover a cultura da colaboração em eventos e encontros comunitários;
2. Criar grupos de trabalho para projetos em conjunto;
3. Estabelecer acordos de cooperação com outras comunidades;
4. Criar uma cooperativa para incentivar o empreendedorismo na comunidade;
5. Promover a troca de habilidades e conhecimentos entre os membros da comunidade;
6. Incentivar a participação em ações voluntárias;
7. Criar programas de treinamento para melhorar habilidades de liderança e colaboração.

CAPÍTULO 60: A SABEDORIA DA GESTÃO DE CRISES FINANCEIRAS NA CULTURA JUDAICA

Era uma tarde de sexta-feira em uma sinagoga na cidade de Jerusalém. O rabino estava dando um sermão sobre a importância da gestão financeira em tempos de crise. Ele citava a sabedoria judaica e as histórias de judeus que haviam enfrentado momentos difíceis e saído vitoriosos.

Em uma das fileiras da sinagoga, estava Shlomo, um empresário bem-sucedido que enfrentara algumas crises em sua vida. Ele lembrava de como sua avó lhe ensinara a importância de ter reservas financeiras e de não se deixar levar pelos excessos.

Shlomo levantou a mão e pediu para compartilhar sua história com a congregação. Ele contou como, durante uma crise financeira, ele havia decidido vender alguns de seus ativos para evitar a falência. Mas ele não queria demitir seus funcionários, que eram como uma família para ele. Então, ele tomou uma decisão difícil: vendeu sua casa e usou o dinheiro para manter a empresa e pagar os salários de seus funcionários.

Foi um período difícil, mas a equipe de Shlomo trabalhou com ainda mais afinco para garantir que a empresa prosperasse. E, graças à sua gestão financeira cuidadosa e à cooperação de seus funcionários, a empresa sobreviveu à crise e voltou a crescer.

O rabino sorriu e agradeceu a Shlomo por compartilhar sua história de sucesso. Ele lembrou a congregação que a sabedoria judaica sempre enfatizou a importância da gestão financeira responsável e da cooperação para superar tempos difíceis.

Etimologicamente, a palavra hebraica para crise é "mashber", que vem da raiz "shavar", que significa "quebrar". A sabedoria judaica nos ensina que, durante momentos de crise, devemos ter a humildade de reconhecer que algo está quebrado e precisamos agir com cautela e sabedoria para consertar a situação.

Algumas soluções práticas que a sabedoria judaica nos oferece para lidar com crises financeiras incluem:

1. Manter reservas financeiras para emergências.
2. Ser cauteloso com investimentos arriscados.
3. Fazer parcerias e cooperar com outros empresários e líderes comunitários.
4. Identificar e cortar gastos desnecessários.
5. Fazer planos de contingência e estar preparado para enfrentar situações inesperadas.
6. Ser criativo e encontrar novas oportunidades de negócios.
7. Manter uma atitude positiva e esperançosa, lembrando que a crise é temporária e que é possível superá-la com perseverança e sabedoria.

CAPÍTULO 61: A INFLUÊNCIA DA FÉ NA PROSPERIDADE JUDAICA

A história começa na cidade de Jerusalém, onde um jovem chamado David vive com sua família em um pequeno apartamento no bairro de Mea She'arim. David vem de uma família humilde, mas sempre foi ensinado sobre a importância da fé e da devoção a Deus na cultura judaica.

Um dia, David ouve falar sobre um negócio promissor em Tel Aviv, mas não tem dinheiro suficiente para investir. Ele ora a Deus pedindo ajuda e sabedoria para tomar a decisão certa. Poucos dias depois, David encontra um amigo que lhe fala sobre uma oportunidade de trabalho em uma empresa de tecnologia em Tel Aviv.

David se candidata e consegue o emprego, mas precisa se mudar para Tel Aviv. Ele decide alugar um apartamento perto do trabalho e economizar o máximo possível para poder investir no negócio que ouviu falar. Enquanto isso, ele continua a orar e a estudar as escrituras sagradas para manter sua fé forte.

Finalmente, David tem dinheiro suficiente para investir no negócio e, com a ajuda de um parceiro de negócios, consegue fazer crescer a empresa exponencialmente. Ele é grato a Deus por sua bênção e dedica-se a ajudar outros empresários judeus a prosperar.

A história de David é um exemplo da influência da fé na prosperidade judaica. A palavra hebraica para fé é emunah, que vem da raiz aman, que significa "firme" ou "confiável". Na cultura judaica, a fé em Deus é vista como um pilar essencial para a prosperidade e a vida bem-sucedida. Acredita-se que, quando uma pessoa coloca sua fé em Deus, Ele a abençoa com sabedoria, orientação e bênçãos financeiras.

Algumas práticas comuns na cultura judaica que refletem a importância da fé incluem a observância do Shabat, a oração diária e a dedicação às escrituras sagradas. Além disso, muitos empresários judeus fazem questão de colocar a ética e a moral em primeiro lugar em seus negócios, confiando que Deus abençoará suas ações justas e honestas.

7 soluções práticas para incorporar a fé na prosperidade financeira incluem:

1. Dedicação diária à oração e reflexão espiritual.
2. Estudo das escrituras sagradas para ganhar sabedoria e orientação.
3. Prática da caridade e ajudar os menos afortunados.
4. Priorizar a ética e a moral em todos os negócios e decisões financeiras.
5. Fazer um orçamento financeiro sólido e manter-se dentro dos limites.
6. Construir relacionamentos saudáveis e positivos com outros empresários e investidores judeus.
7. Manter a fé em Deus, mesmo durante períodos de dificuldades financeiras, e confiar que Ele proverá uma solução.

CAPÍTULO 62: A IMPORTÂNCIA DA GRATIDÃO NA CULTURA JUDAICA

Era uma noite fria e escura na pequena cidade de Jerusalém, onde vivia um jovem judeu chamado David. Ele era um rapaz muito trabalhador e inteligente, mas vivia sempre insatisfeito com o que tinha, e nunca parecia feliz com suas conquistas.

Um dia, David encontrou um velho sábio que estava meditando num parque próximo de sua casa. Intrigado com a sabedoria que parecia emanar do velho, David decidiu se aproximar e perguntar sobre a sua forma de ver a vida.

O sábio lhe respondeu: "Meu jovem, a gratidão é o segredo da felicidade. Aprenda a agradecer pelo que tem em vez de se preocupar com o que falta. Assim, você verá que sua vida se transformará em uma jornada muito mais plena e satisfatória".

David ficou pensativo com as palavras do sábio e decidiu seguir seu conselho. Ele começou a fazer uma lista diária das coisas pelas quais era grato e percebeu que sua perspectiva de vida mudou radicalmente. Ele passou a apreciar mais as pequenas coisas da vida, como o sol que brilhava no céu, a comida na mesa, a companhia da família e dos amigos.

Com o tempo, David se tornou um empresário de sucesso, pois

sua gratidão o levou a valorizar as pessoas ao seu redor, a investir em seus funcionários e clientes e a buscar soluções criativas para os desafios que surgiam em seu caminho. Ele nunca perdeu de vista a importância da gratidão e sempre se lembrava de agradecer por tudo o que recebia, inclusive pelas dificuldades que o ajudaram a crescer.

A palavra "gratidão" em hebraico é "hoda'ah" (הודאה) e tem uma raiz na palavra "hod" (הוד) que significa "glória" ou "honra". Isso reflete a importância que os judeus dão à gratidão como uma atitude de reconhecimento da bondade de Deus e das pessoas ao seu redor. A gratidão é vista como uma virtude que leva à humildade, à generosidade e à prosperidade.

aqui estão 7 lições práticas sobre a importância da gratidão na cultura judaica:

1. Pratique a gratidão diariamente: Reserve alguns minutos todos os dias para refletir sobre o que você tem na vida pelo qual é grato. Pode ser algo tão simples como ter um teto sobre a cabeça ou uma refeição quente. A gratidão é uma prática diária que pode ajudar a mudar sua perspectiva e aumentar sua felicidade.
2. Agradeça aqueles que o ajudaram: Não se esqueça de agradecer às pessoas que o ajudaram em sua vida. Pode ser um professor, um amigo, um mentor ou um membro da família. Enviar uma nota ou uma mensagem simples de agradecimento pode fazer uma grande diferença na vida de alguém.
3. Agradeça a Deus: Na cultura judaica, é comum agradecer a Deus por suas bênçãos. Independentemente da religião, é importante ter um senso de gratidão em relação à vida e ao universo. Reserve um momento para agradecer a Deus ou ao universo pelo que você tem em sua vida.
4. Seja grato pelas experiências desafiadoras: Às vezes, as experiências mais difíceis em nossas vidas podem nos ensinar as maiores lições. Em vez de se concentrar

apenas nos aspectos negativos de uma situação, tente ser grato pelos desafios que enfrentou e pelas habilidades que adquiriu para superá-los.
5. Pratique a humildade: A gratidão e a humildade andam de mãos dadas. Quando somos gratos por algo, estamos reconhecendo que não somos os únicos responsáveis pelas coisas boas em nossas vidas. Ao praticar a humildade, podemos manter uma perspectiva equilibrada e grata em relação à vida.
6. Ajude os outros a serem gratos: Se você notar que alguém em sua vida está lutando para encontrar gratidão, tente ajudá-lo a mudar de perspectiva. Encoraje-os a praticar a gratidão diariamente e compartilhe com eles as coisas pelas quais você é grato.
7. Cultive a gratidão em sua comunidade: Na cultura judaica, há uma forte ênfase na importância da comunidade. Considere iniciar um grupo de gratidão em sua sinagoga ou centro comunitário para que as pessoas possam se reunir e compartilhar as coisas pelas quais são gratas. Juntos, vocês podem cultivar um senso de gratidão e conexão uns com os outros.

CAPÍTULO 63: A SABEDORIA DA ANÁLISE DE RISCOS NA CULTURA JUDAICA

O sol se pôs sobre Jerusalém e o rabino Yosef estava sentado em seu escritório, pensando nos investimentos que sua sinagoga precisava fazer para manter suas atividades. Ele sabia que precisava ser cauteloso e prudente em suas decisões, para não correr riscos desnecessários. Afinal, na cultura judaica, a sabedoria da análise de riscos é altamente valorizada.

Yosef abriu uma antiga cópia do Talmude e começou a ler os ensinamentos dos sábios judeus sobre investimentos e riscos. Ele sabia que precisava aplicar esses ensinamentos em suas decisões financeiras para garantir a prosperidade de sua comunidade.

Enquanto lia, uma história antiga chamou sua atenção. Era sobre um comerciante judeu que investiu todas as suas economias em uma única viagem marítima para trazer especiarias do Oriente Médio. Infelizmente, a viagem foi interrompida por uma tempestade que destruiu seu navio e todas as suas especiarias. O comerciante ficou arruinado e se viu forçado a começar tudo de novo.

Yosef entendeu a lição da história: não se deve colocar todos os ovos na mesma cesta. Ele sabia que a análise de riscos era fundamental para tomar decisões financeiras sábias. E para isso, era preciso avaliar os riscos envolvidos em cada investimento e diversificar suas fontes de renda.

A palavra hebraica para risco é "sakana" (סכנה), que tem raízes na palavra "sokhnut" (סוכנות), que significa responsabilidade. Na cultura judaica, a análise de riscos é vista como uma responsabilidade que deve ser levada a sério.

Para aplicar a sabedoria da análise de riscos em sua vida financeira, Yosef desenvolveu sete lições práticas:

1. Diversifique seus investimentos em diferentes setores e produtos financeiros para minimizar os riscos.
2. Faça uma pesquisa completa antes de investir e avalie os riscos envolvidos.
3. Não invista todo o seu dinheiro em um único investimento. É melhor investir em várias oportunidades para minimizar o risco.
4. Mantenha uma reserva de emergência para lidar com imprevistos.
5. Monitore regularmente seus investimentos e faça ajustes se necessário.
6. Tenha uma visão de longo prazo e não se deixe levar por ganhos de curto prazo.
7. Procure aconselhamento financeiro de especialistas para tomar decisões informadas.

CAPÍTULO 64: A HISTÓRIA DO POVO JUDEU COMO EMPREENDEDORES DO SETOR ALIMENTÍCIO

Era uma vez uma pequena vila na Europa Oriental habitada por judeus. A maioria deles era pobre e lutava para sobreviver. A terra era escassa e o trabalho era difícil de encontrar. No entanto, havia um jovem chamado Yitzhak que sonhava em mudar a sorte de sua comunidade.

Yitzhak sempre teve um interesse especial pela culinária e acreditava que poderia transformar isso em um negócio rentável. Ele começou a vender pães e outros produtos alimentícios caseiros na rua, e logo ganhou uma pequena clientela. Com o tempo, ele percebeu que havia uma grande demanda por comida na vila e que ele poderia expandir seus negócios.

Ele juntou suas economias e começou a comprar ingredientes em grandes quantidades, reduzindo assim os custos. Ele contratou outros judeus da vila para ajudá-lo a preparar a comida, e juntos eles transformaram sua pequena operação em um negócio próspero.

Yitzhak e seus funcionários começaram a fornecer comida para outros comerciantes da vila, bem como para viajantes que passavam pela região. Eles foram elogiados por sua comida deliciosa e preços acessíveis, e em pouco tempo Yitzhak se tornou um empresário bem-sucedido.

Com o tempo, outros judeus em toda a Europa começaram a seguir o exemplo de Yitzhak e abriram seus próprios negócios de alimentos. Eles foram bem-sucedidos porque entenderam as necessidades de seus clientes e ofereceram produtos de qualidade a preços justos.

A tradição de empreendedorismo no setor alimentício continuou por gerações na cultura judaica, e hoje existem muitos negócios alimentícios judaicos bem-sucedidos em todo o mundo.

Etymologia: A palavra hebraica para comida é "אוכל" (ochel), que vem da raiz "אכל" (akhal), que significa "comer". A palavra "מזון" (mazon) é usada para se referir a alimentos em geral e é derivada da palavra "זן" (zan), que significa "prover". A palavra "בישול" (bishul) é usada para se referir ao ato de cozinhar e vem da raiz "בשל" (bashal), que significa "cozinhar".

aqui estão 7 lições práticas relacionadas ao tema:

1. Identifique as necessidades do mercado e esteja disposto a inovar para atender a essas necessidades.
2. Invista em qualidade e na produção de alimentos saudáveis e confiáveis.
3. Crie uma rede de fornecedores confiáveis e de qualidade.
4. Mantenha um bom relacionamento com os clientes e preze pela excelência no atendimento.
5. Esteja preparado para enfrentar desafios e imprevistos no mercado de alimentos.
6. Faça uma análise de custo-benefício antes de tomar

decisões importantes de negócios.
7. Seja ético e responsável com todos os seus stakeholders, incluindo clientes, fornecedores e funcionários.

CAPÍTULO 65: A IMPORTÂNCIA DO NETWORKING FINANCEIRO NA CULTURA JUDAICA

O sol estava se pondo no bairro judaico de Nova York quando Avi saiu do seu escritório, pronto para um evento de networking financeiro. Avi, um jovem empresário judeu, tinha acabado de lançar sua startup de tecnologia financeira e sabia que precisava expandir sua rede de contatos para ajudá-lo a crescer.

Enquanto caminhava pelas ruas movimentadas, Avi pensava em como a cultura judaica valorizava a importância da rede de contatos, ou "shidduch", em hebraico. A palavra shidduch é geralmente usada para descrever um casamento arranjado, mas também é usada para se referir a qualquer tipo de conexão ou parceria benéfica.

Avi se lembrou de como os judeus sempre foram conhecidos por sua habilidade de fazer negócios, e como isso muitas vezes se devia à sua extensa rede de contatos. Na verdade, alguns dos maiores negócios do mundo foram feitos por meio de conexões judaicas.

Enquanto Avi se aproximava do local do evento de networking, ele sentia a energia pulsante da multidão. Havia pessoas de todas as idades e origens, todas reunidas com um objetivo comum: fazer novos contatos e expandir seus negócios.

Avi sabia que, para ter sucesso no mundo dos negócios, ele precisava ser capaz de se conectar com pessoas de diferentes setores e origens. Ele sabia que a chave para isso era ter uma abordagem autêntica e construir relacionamentos genuínos.

Enquanto Avi circulava pelo evento, ele foi apresentado a vários empresários influentes e investidores. Ele fez questão de anotar os nomes e as informações de contato de cada pessoa que conheceu, e fez um esforço consciente para se conectar com eles em um nível pessoal.

No final da noite, Avi saiu do evento com uma pilha de cartões de visita e vários novos contatos de negócios. Ele sabia que o trabalho real ainda estava por vir - ele precisaria nutrir esses relacionamentos e cultivá-los com o tempo.

Mas ele também sabia que, ao construir uma rede sólida de contatos, ele estaria seguindo uma tradição antiga da cultura judaica. Desde tempos imemoriais, os judeus aprenderam a importância do networking financeiro, e essa tradição continuou a ser um pilar da comunidade empresarial judaica até os dias atuais.

ETIMOLOGIA:

A palavra "shidduch" em hebraico tem origem no verbo "shada", que significa "juntar" ou "conectar". A tradição de fazer shidduchim (casamentos arranjados) tem sido uma parte importante da cultura judaica há milhares de anos, mas a palavra também tem sido usada para descrever qualquer tipo de conexão ou parceria benéfica.

CAPÍTULO 66: A SABEDORIA DA PACIÊNCIA NO INVESTIMENTO NA CULTURA JUDAICA

O sol escaldante iluminava as ruas de Jerusalém, enquanto Yitzhak caminhava em direção ao mercado financeiro. Ele havia acabado de receber uma grande soma de dinheiro como herança de seu pai e estava ansioso para investi-lo. Mas seu avô, um sábio judeu, havia lhe dado um conselho importante antes de sua morte: "Nunca tome decisões precipitadas quando se trata de dinheiro, Yitzhak. A paciência é a chave para o sucesso financeiro".

Yitzhak não podia deixar de se lembrar dessas palavras enquanto observava os negociantes apressados e ansiosos que circulavam pelo mercado. Ele sabia que precisava escolher seus investimentos com cuidado e sabedoria, mesmo que isso significasse esperar o momento certo para agir.

Enquanto caminhava pelas ruas movimentadas, Yitzhak começou a refletir sobre a sabedoria da paciência no investimento, tão valorizada na cultura judaica. Ele se lembrou de histórias de grandes empreendedores judeus que foram pacientes e astutos em seus investimentos, como Warren Buffett e George Soros.

A palavra hebraica para paciência é "savlanut" (סבלנות), que vem da raiz "saval" (סבל) que significa "suportar" ou "tolerar". Isso mostra que a paciência não é apenas uma questão de esperar, mas de tolerar as incertezas e dificuldades que surgem ao longo do caminho.

Na cultura judaica, a paciência é valorizada como uma virtude que traz bênçãos e prosperidade. O Talmud ensina que "aquele que tem paciência em momentos de dificuldade será abençoado com sucesso em suas empreitadas financeiras".

Yitzhak finalmente chegou ao mercado financeiro e, com sua paciência e sabedoria, escolheu investimentos sólidos que lhe renderam grandes lucros ao longo do tempo. Ele percebeu que a paciência é uma ferramenta poderosa para o sucesso financeiro e que, em vez de agir impulsivamente, é preciso ter a paciência e a sabedoria para esperar o momento certo para investir.

7 lições práticas sobre a sabedoria da paciência no investimento:

1. Nunca tome decisões precipitadas quando se trata de investimentos financeiros.
2. Esteja disposto a esperar o momento certo para agir.
3. Não se deixe levar pelas emoções e ansiedade quando se trata de dinheiro.
4. Faça sua pesquisa e análise cuidadosa antes de tomar qualquer decisão de investimento.
5. Esteja preparado para enfrentar dificuldades e incertezas ao longo do caminho.
6. Mantenha a calma e a paciência, mesmo em momentos difíceis.
7. Lembre-se de que o sucesso financeiro é alcançado ao longo do tempo, não da noite para o dia.

CAPÍTULO 67: A INFLUÊNCIA DA RESPONSABILIDADE CORPORATIVA NA PROSPERIDADE JUDAICA

Era uma vez uma empresa judaica chamada "Tzedek", que significa "justiça" em hebraico. A Tzedek era conhecida por sua forte responsabilidade corporativa e por se preocupar não apenas com seus lucros, mas também com o impacto de suas ações na comunidade e no meio ambiente.

Um dia, a Tzedek enfrentou um grande desafio quando um de seus fornecedores foi exposto por utilizar trabalho infantil em suas fábricas. A Tzedek se recusou a continuar fazendo negócios com esse fornecedor, mesmo que isso significasse uma perda financeira significativa.

Embora muitas pessoas tenham criticado a Tzedek por sua decisão, a empresa permaneceu firme em seus valores e princípios. Em vez disso, eles procuraram por novos fornecedores que seguiam os mesmos padrões éticos e de responsabilidade corporativa que eles próprios.

Com o tempo, a Tzedek ganhou reputação por sua integridade e compromisso com a justiça social e ambiental. Isso atraiu muitos clientes que compartilhavam os mesmos valores e estavam dispostos a pagar mais por produtos produzidos de forma responsável.

A história da Tzedek ilustra a importância da responsabilidade corporativa na cultura judaica e como ela pode levar à prosperidade a longo prazo. A ética e os valores judaicos enfatizam a importância de tratar os outros com justiça e respeito, e isso se estende ao mundo dos negócios.

A palavra hebraica para responsabilidade é "achrayut", que vem da raiz "acher", que significa "outro". Isso implica que a responsabilidade corporativa envolve pensar além de si mesmo e considerar as necessidades e bem-estar dos outros, incluindo funcionários, clientes, fornecedores e a comunidade em geral.

Aqui estão sete lições práticas sobre a importância da responsabilidade corporativa na cultura judaica:

1. Seja fiel aos seus valores e princípios, mesmo que isso signifique enfrentar perdas financeiras.
2. Procure por fornecedores que compartilham seus valores e padrões éticos.
3. Seja transparente e honesto em suas práticas de negócios.
4. Considere o impacto de suas ações na comunidade e no meio ambiente.
5. Busque maneiras de contribuir para a comunidade local e para causas sociais.
6. Aproveite a oportunidade para educar os outros sobre a importância da responsabilidade corporativa.
7. Use sua plataforma e influência para promover mudanças positivas na sociedade e no meio ambiente.

CAPÍTULO 68: A IMPORTÂNCIA DA CONFIANÇA NOS NEGÓCIOS NA CULTURA JUDAICA

A noite estava escura e silenciosa no bairro judeu de Jerusalém, quando um jovem empresário, chamado David, caminhava pelas ruas estreitas, carregando uma pasta cheia de documentos importantes. Ele estava a caminho de uma reunião importante com um cliente em potencial que poderia trazer grande lucro para sua empresa.

Enquanto caminhava, David passou por um velho amigo, chamado Isaac, que o cumprimentou calorosamente. Isaac era dono de uma pequena loja de especiarias e sempre admirou a habilidade de David nos negócios. Ele perguntou a David para onde ele estava indo tão tarde da noite, e David respondeu que estava indo para uma reunião de negócios.

Isaac ficou preocupado e alertou David sobre a importância da confiança nos negócios na cultura judaica. Ele explicou que, sem confiança, as relações comerciais não podem prosperar e os negócios acabam falhando. Isaac contou uma história de como um comerciante desonesto havia enganado sua família no passado e como isso deixou uma ferida profunda na comunidade judaica local.

David levou as palavras de Isaac a sério e decidiu cancelar a reunião com o cliente em potencial, pois sentiu que não poderia confiar na empresa. Em vez disso, ele se concentrou em cultivar relacionamentos com clientes e parceiros de negócios confiáveis, construindo uma reputação sólida e duradoura na comunidade empresarial.

A palavra hebraica para confiança é "bitachon" (בטחון), que vem da raiz hebraica "betach" (בטח), que significa "segurança" ou "confiança". Na cultura judaica, a confiança é considerada um dos valores mais importantes nos negócios, e é vista como um requisito essencial para a prosperidade financeira.

A confiança é construída através da honestidade, da transparência e do cumprimento de promessas e compromissos. Quando os negócios são feitos com confiança, as relações comerciais podem prosperar e crescer de forma sustentável ao longo do tempo.

Algumas lições práticas que podemos aprender da importância da confiança nos negócios na cultura judaica incluem:

1. Honrar compromissos e prazos
2. Ser transparente nas transações comerciais
3. Cultivar relacionamentos baseados na confiança
4. Evitar negócios com empresas ou indivíduos não confiáveis
5. Fornecer um serviço ou produto de qualidade consistente
6. Manter a privacidade e confidencialidade das informações dos clientes
7. Agir com integridade em todos os momentos, mesmo quando ninguém está olhando.

CAPÍTULO 69: A SABEDORIA DA RESERVA DE EMERGÊNCIA NA CULTURA JUDAICA

O sol estava começando a se pôr e a tranquilidade da pequena cidade judaica de Shtetl foi quebrada pelo som do alarme de incêndio. Os habitantes, em pânico, correram para suas casas para ver se suas reservas de emergência estavam seguras. Entre eles, o jovem Moshê, que correu para sua casa para salvar seus pertences mais preciosos.

Ao chegar em casa, Moshê encontrou sua mãe em prantos, enquanto seu pai tentava controlar o fogo que se alastrava pela casa. Rapidamente, Moshê ajudou seu pai a extinguir as chamas e salvou a reserva de emergência da família.

Após o incêndio, Moshê percebeu a importância da reserva de emergência na cultura judaica. Desde tempos antigos, os judeus sempre foram ensinados a ter uma reserva de emergência para situações imprevistas, como desastres naturais, perda de emprego ou doenças. Essa prática permitiu que a comunidade judaica sobrevivesse a inúmeros períodos de dificuldades financeiras e até mesmo a guerras e perseguições.

A palavra hebraica para reserva de emergência é "tzadaka", que significa justiça ou caridade. Essa palavra reflete a ideia de que ter uma reserva de emergência é uma forma de justiça, pois permite que as pessoas possam lidar com imprevistos sem precisar recorrer a empréstimos ou ajuda de terceiros. Além disso, a ideia de caridade também está presente na reserva de emergência, pois permite que as pessoas possam ajudar aqueles que precisam em momentos de crise.

Na cultura judaica, a reserva de emergência é vista como uma forma de honrar a Deus, pois acredita-se que Ele proverá em tempos de necessidade. Porém, isso não significa que os judeus devam confiar apenas na fé e não se preparar financeiramente para situações de emergência.

Algumas lições práticas que podem ser aprendidas com a sabedoria da reserva de emergência na cultura judaica são:

1. Mantenha uma reserva de emergência para cobrir pelo menos três a seis meses de despesas.
2. A reserva de emergência deve estar em uma conta de poupança ou investimento de baixo risco.
3. A reserva de emergência deve ser mantida separada dos investimentos de longo prazo.
4. É importante contribuir regularmente para a reserva de emergência, mesmo que em pequenas quantidades.
5. Em caso de uma emergência, a reserva deve ser usada apenas para despesas necessárias e urgentes.
6. Ao usar a reserva de emergência, é importante reabastecê-la assim que possível.
7. A reserva de emergência deve ser vista como um investimento em segurança financeira e paz de espírito.

CAPÍTULO 70: A HISTÓRIA DO POVO JUDEU NA INDÚSTRIA TÊXTIL

Era uma vez, na cidade de Safed, no norte de Israel, um grupo de judeus que se dedicavam à indústria têxtil. Eles produziam belas tapeçarias e tecidos, que eram muito apreciados por sua qualidade e beleza. A comunidade judaica em Safed cresceu e a indústria têxtil se tornou uma das principais fontes de sustento.

A palavra hebraica para tecido é "beged" (בגד), que também pode significar vestuário. A origem etimológica da palavra é incerta, mas pode estar relacionada à palavra "bagad" (בגד), que significa traição ou engano. Isso pode ter a ver com a ideia de que o tecido pode ser usado para esconder algo ou enganar os olhos.

Os judeus de Safed eram conhecidos por sua habilidade na produção de tecidos, mas também por sua honestidade e integridade nos negócios. Eles se esforçavam para oferecer produtos de alta qualidade e honrar seus compromissos com os clientes.

Com o tempo, a indústria têxtil judaica se espalhou por todo o mundo, e os judeus se tornaram conhecidos por sua habilidade no ramo. Eles se adaptavam às novas tecnologias e técnicas, mantendo sempre a qualidade e a ética nos negócios.

A história da indústria têxtil judaica ensina a importância de valorizar a habilidade e a criatividade, mas também a ética e a integridade nos negócios. A palavra "emes" (אמת) em hebraico significa verdade e é um valor central na cultura judaica.

7 lições práticas sobre o tema:

1. Valorize a habilidade e a criatividade, mas não esqueça a ética nos negócios.
2. Adapte-se às mudanças e novas tecnologias para se manter competitivo.
3. Mantenha sempre a qualidade do produto ou serviço oferecido.
4. Honre seus compromissos com clientes e fornecedores.
5. Construa uma rede de contatos e parcerias para expandir sua atuação no mercado.
6. Invista em capacitação e treinamento para aprimorar suas habilidades e conhecimentos.
7. Esteja sempre atento às tendências do mercado e às necessidades dos clientes para se adaptar e inovar.

CAPÍTULO 71: A IMPORTÂNCIA DO PLANO DE CRESCIMENTO EMPRESARIAL NA CULTURA JUDAICA

Houve um tempo em que os judeus foram banidos de muitas profissões e indústrias, forçando-os a buscar novas oportunidades de negócios. Foi assim que, em parte, eles se voltaram para o setor financeiro e se tornaram líderes nessa área.

Com uma tradição de valorizar a educação, os judeus puderam rapidamente adquirir conhecimento e habilidades em finanças e gestão de negócios, tornando-se consultores financeiros, banqueiros, investidores e empresários de sucesso.

Hoje, a influência dos judeus na indústria financeira continua forte em todo o mundo. Empresas lideradas por judeus têm participação significativa em Wall Street e em outros mercados financeiros internacionais.

A palavra hebraica para negócio é "ma'aseh" (מַעֲשֶׂה), que se deriva da raiz hebraica "asah" (שָׂהע), que significa fazer ou criar. Essa raiz é frequentemente usada na Bíblia para se referir ao ato de Deus na criação do mundo. Isso sugere que o empreendedorismo é visto como um ato de criação na cultura judaica, algo que deve ser realizado com intenção e propósito.

Além disso, a cultura judaica valoriza muito a responsabilidade social e a ética nos negócios. Esses valores foram transmitidos por gerações e ainda são ensinados nas comunidades judaicas ao redor do mundo.

Assim, a importância do plano de crescimento empresarial na cultura judaica está diretamente ligada à necessidade de criar algo novo e benéfico para a sociedade, ao mesmo tempo em que se preza pela responsabilidade social e ética nos negócios.

Ter um plano de crescimento bem definido é fundamental para garantir que uma empresa cresça de forma sustentável e saudável. Os judeus têm uma longa tradição de planejamento cuidadoso e de tomar decisões informadas com base em dados e análises cuidadosas.

Essa sabedoria é aplicada na gestão de riscos, na reserva de emergência, no networking financeiro e em outras áreas-chave dos negócios. A cultura judaica valoriza a paciência, a gratidão, a cooperação e a confiança nos negócios, princípios que são fundamentais para o sucesso a longo prazo.

Assim, o plano de crescimento empresarial na cultura judaica é mais do que um simples documento formal, é uma filosofia de negócios que valoriza a criação de valor e o impacto social positivo.

aqui estão 7 soluções práticas para aqueles que desejam implementar o Plano de Crescimento Empresarial na cultura judaica:

1. Defina metas claras: Tenha objetivos específicos e mensuráveis para sua empresa e estabeleça um plano detalhado para alcançá-los.
2. Mantenha-se atualizado: Esteja sempre atento às

tendências do mercado e às novas tecnologias que possam afetar seu negócio.

3. Invista em sua equipe: Contrate profissionais capacitados e ofereça treinamentos para desenvolver habilidades e competências necessárias para o crescimento da empresa.

4. Esteja preparado para mudanças: A cultura judaica valoriza a adaptabilidade e a capacidade de se ajustar às mudanças do mercado. Esteja disposto a fazer mudanças e ajustes no plano de crescimento quando necessário.

5. Diversifique seus negócios: A diversificação pode ajudar a mitigar os riscos e aumentar as oportunidades de crescimento. Considere expandir para novos mercados ou investir em novas áreas de negócio.

6. Busque parcerias estratégicas: Colabore com outras empresas que possam complementar suas atividades e trazer novas oportunidades de negócio.

7. Aprenda com os erros: A cultura judaica valoriza a aprendizagem e o aprimoramento constante. Analise seus erros e fracassos, aprenda com eles e use essas lições para melhorar sua estratégia de crescimento.

CAPÍTULO 72: A SABEDORIA DA TOMADA DE RISCO CONTROLADA NA CULTURA JUDAICA

O tema da tomada de risco controlada é bastante importante na cultura judaica e pode ser ilustrado por uma história antiga conhecida como a "Lenda de Akiva". Segundo a lenda, o famoso rabino Akiva era um pastor analfabeto até os 40 anos de idade, mas então decidiu estudar a Torá. Ele passou muitos anos estudando e se tornou um grande sábio, mas também um homem muito pobre.

Certo dia, Akiva teve a oportunidade de visitar o palácio do imperador romano. Lá, ele viu um desenho de uma cidade destruída e perguntou ao imperador sobre sua origem. O imperador respondeu que era a cidade de Jerusalém, que havia sido destruída pelos romanos. Então, Akiva decidiu que precisava fazer algo para ajudar a reconstruir a cidade sagrada.

Ele decidiu se aventurar em um negócio de importação e exportação de mercadorias, arriscando toda a sua fortuna. Durante os primeiros anos, as coisas não foram bem e ele acabou falindo. Akiva ficou arrasado e se perguntou como poderia continuar ajudando a reconstruir Jerusalém. Foi então que ele teve uma ideia genial.

Ele percebeu que poderia usar seu conhecimento da Torá para ensinar os jovens da cidade e, assim, ajudá-los a se tornarem líderes melhores para o futuro. Ele abriu uma escola e começou a ensinar, sem se preocupar com dinheiro. Com o tempo, sua escola se tornou famosa em toda a região e atraiu muitos estudantes.

A partir daí, Akiva voltou a investir em negócios e, desta vez, foi bem-sucedido. Ele se tornou um homem rico e respeitado, mas nunca deixou de lado seu compromisso com a educação e a ajuda à comunidade. Ele aprendeu a lição de que a tomada de risco controlada pode levar ao fracasso temporário, mas também pode abrir novas portas para o sucesso.

Em hebraico, a palavra para risco é "sakana" (סכנה), que tem raízes na palavra "sikan" (סיכן), que significa "colocar em perigo". A sabedoria judaica ensina que é importante reconhecer e avaliar os riscos, mas também é importante estar preparado para lidar com as consequências e minimizar os danos em caso de falha.

Algumas soluções práticas para a tomada de risco controlada incluem: fazer uma análise completa dos riscos e oportunidades envolvidos em um projeto antes de investir; criar um plano de contingência para lidar com possíveis problemas; buscar conselhos e orientação de especialistas na área; e sempre ter um plano B em caso de falha. Com essas medidas, é possível tomar riscos calculados e controlados para alcançar o sucesso nos negócios.

1. Faça uma análise cuidadosa: Antes de tomar qualquer risco, faça uma análise cuidadosa dos prós e contras e das possíveis consequências. Use informações disponíveis e estatísticas para embasar sua decisão.
2. Estabeleça um limite de perda: É importante ter um limite

de perda, definindo uma quantia máxima que você está disposto a perder em um determinado investimento. Isso ajuda a controlar a tomada de risco e minimizar possíveis perdas.
3. Diversifique seus investimentos: Em vez de colocar todo o seu dinheiro em um único investimento, diversifique seus investimentos em diferentes setores, empresas e classes de ativos. Isso ajuda a reduzir o risco de perda total em um único investimento.
4. Esteja preparado para perdas: Sempre existe o risco de perder dinheiro em qualquer investimento, portanto, esteja preparado para isso. Considere isso como uma parte normal do processo de investimento e esteja sempre preparado para perdas potenciais.
5. Esteja atualizado sobre as notícias financeiras: Esteja atualizado sobre as notícias financeiras, incluindo o desempenho do mercado, as tendências econômicas e as mudanças regulatórias. Isso ajuda a tomar decisões informadas e reduzir o risco de tomada de decisões impulsivas.
6. Não siga a multidão: Não siga cegamente as tendências de investimento populares. Faça sua própria pesquisa e tome decisões informadas com base em seus objetivos financeiros e análises.
7. Busque orientação profissional: Se você não se sentir confiante em suas habilidades de investimento, busque orientação profissional. Um consultor financeiro experiente pode ajudá-lo a definir seus objetivos financeiros, analisar seus investimentos e tomar decisões informadas sobre a tomada de risco controlada.

CAPÍTULO 73: A INFLUÊNCIA DA RESPONSABILIDADE CIVIL NA PROSPERIDADE JUDAICA

O sol escaldante brilhava sobre as montanhas da Judeia, enquanto os líderes da comunidade judaica discutiam a importância da responsabilidade civil na prosperidade de seu povo. Entre eles, estava o rabino Yosef, que contou uma história que deixou todos em silêncio.

Há muito tempo, um jovem judeu empreendedor decidiu investir todas as suas economias em um negócio de exportação. Ele trabalhou duro, enfrentou obstáculos e eventualmente se tornou um dos comerciantes mais bem-sucedidos da cidade. Mas um dia, um navio que ele havia contratado afundou, destruindo todas as suas mercadorias. O jovem empreendedor ficou arruinado, incapaz de pagar suas dívidas e tendo que fechar seu negócio.

O rabino Yosef explicou que, em hebraico, a palavra "responsabilidade" é "achrayut", derivada da raiz "acher", que significa "outro". Isso significa que cada pessoa é responsável não apenas por si mesma, mas também pelos outros. E, na cultura judaica, essa responsabilidade se estende além da comunidade judaica, para toda a humanidade.

Por isso, é importante que os empreendedores considerem a responsabilidade civil em suas decisões de negócios, pensando nos possíveis impactos de suas ações na sociedade em geral. Além disso, devem ter seguros e garantias para proteger os investidores e stakeholders em caso de eventos inesperados, como no exemplo do jovem empreendedor.

Aqui estão 7 soluções práticas para os empreendedores considerarem a responsabilidade civil em seus negócios:

1. Tenha um plano de contingência em caso de eventos inesperados que possam prejudicar os investidores e stakeholders.
2. Invista em seguro para proteger sua empresa e seus clientes.
3. Cumpra todas as leis e regulamentações para evitar multas e processos judiciais.
4. Crie políticas claras para lidar com questões éticas e sociais em seus negócios.
5. Fomente uma cultura de responsabilidade em toda a organização.
6. Comprometa-se com a transparência em suas comunicações com investidores e stakeholders.
7. Faça doações para organizações que ajudam a resolver problemas sociais e comunitários.

A responsabilidade civil não é apenas uma obrigação legal, mas também um dever moral em todas as decisões de negócios. Ao incorporar essas soluções práticas em seus planos de negócios, os empreendedores podem garantir a prosperidade de suas empresas e contribuir para o bem-estar da sociedade em geral.

CAPÍTULO 74: A IMPORTÂNCIA DO AUTOCONTROLE FINANCEIRO NA CULTURA JUDAICA

A história do povo judeu está repleta de exemplos de sabedoria financeira, e um dos valores mais importantes em relação às finanças é o autocontrole. Em hebraico, a palavra para autocontrole é "hagana atzmit", que pode ser traduzida como "proteção pessoal".

O autocontrole financeiro na cultura judaica envolve uma série de práticas, incluindo evitar gastos impulsivos, estabelecer um orçamento claro e consistente, e fazer investimentos calculados. Essas práticas ajudam a garantir a estabilidade financeira no longo prazo, evitando riscos desnecessários e mantendo o controle sobre as finanças pessoais.

Infelizmente, muitas pessoas sofrem com a falta de autocontrole financeiro, o que pode levar a problemas como endividamento excessivo, gastos desnecessários e investimentos arriscados. A falta de autocontrole pode levar ao risco da ruína financeira, que pode ser difícil de superar.

Na cultura judaica, o autocontrole é um valor fundamental que remonta aos tempos bíblicos. Na Torá, há várias passagens que enfatizam a importância do autocontrole e da moderação nas finanças, como Provérbios 21:5, que diz: "Os planos do diligente conduzem à abundância, mas todo apressado acaba na pobreza."

Para alcançar o autocontrole financeiro, é importante ter metas financeiras claras e um plano bem definido para alcançá-las. Também é importante desenvolver hábitos saudáveis de gastos e investimentos, como evitar dívidas excessivas e investir em ativos diversificados e de longo prazo.

Aqui estão 7 soluções práticas para desenvolver o autocontrole financeiro:

1. Estabeleça um orçamento claro e realista e siga-o rigorosamente.
2. Evite gastos impulsivos e faça compras planejadas com antecedência.
3. Priorize suas despesas, separando o que é essencial do que é supérfluo.
4. Invista em sua educação financeira, aprendendo sobre investimentos e finanças pessoais.
5. Evite dívidas excessivas e sempre pague suas contas em dia.
6. Mantenha um registro detalhado de suas finanças para saber exatamente onde seu dinheiro está indo.
7. Faça investimentos de longo prazo em ativos diversificados, como fundos mútuos e ações de empresas estáveis e bem estabelecidas.

CAPÍTULO 75: A SABEDORIA DO INVESTIMENTO EM PROPRIEDADE NA CULTURA JUDAICA

No mundo dos negócios, um dos investimentos mais seguros é a propriedade. E a cultura judaica há muito tempo reconhece essa sabedoria. Através dos séculos, os judeus têm investido em imóveis, construindo sinagogas, escolas e centros comunitários.

Uma das razões pelas quais a propriedade é um investimento tão seguro é porque é um ativo tangível, algo que pode ser visto e tocado. E na cultura judaica, isso é especialmente importante. A palavra hebraica para propriedade é "nekhassim" (נכסים), que tem raízes na palavra "nakhah" (נכח), que significa "estar presente" ou "ser visível".

Além disso, os judeus têm uma tradição de serem bons administradores de seus recursos. A palavra hebraica para administração é "hashkafah" (השקפה), que tem a mesma raiz que a palavra "shakaf" (שקף), que significa "olhar para cima" ou "ter uma visão". Isso destaca a importância de ter uma visão clara e de longo prazo ao investir em propriedade.

No entanto, como em qualquer investimento, há riscos

envolvidos na propriedade. Um dos maiores riscos é a ruína financeira, especialmente se o investimento for mal administrado ou mal escolhido. Mas a cultura judaica tem uma sabedoria para lidar com esse risco: a palavra hebraica para ruína financeira é "hashud" (השוד), que vem da palavra "shadad" (שדד), que significa "destruir" ou "arruinar". Isso destaca a importância de tomar decisões de investimento cuidadosas e prudentes, e de ter uma reserva de emergência para lidar com imprevistos.

Em resumo, investir em propriedade é uma das sabedorias da cultura judaica. Mas é importante fazer isso com autocontrole financeiro e uma visão clara de longo prazo, a fim de minimizar os riscos e maximizar os retornos.

Sempre com a sabedoria dos grandes investidores judeus que ao longo da história, acumularam fortunas investindo em propriedades. Desde os tempos bíblicos, a terra tem sido um símbolo da prosperidade e bênção para o povo judeu.

Como disse o lendário investidor judeu, Warren Buffett: "Não espere para comprar propriedade, compre propriedade e espere". Esta é a essência do investimento em propriedades - é um investimento de longo prazo, que exige paciência e perseverança.

Na cultura judaica, a palavra para propriedade é "nakhes," que se refere a uma posse valiosa ou herdada. Esta palavra está relacionada à palavra "nakhon," que significa certo ou correto, indicando a importância da propriedade como uma fonte confiável de riqueza.

O investimento em propriedades oferece muitas vantagens, como a geração de renda passiva através do aluguel, a valorização da propriedade ao longo do tempo e a possibilidade de usar a propriedade como garantia para empréstimos.

Mas como em qualquer investimento, há riscos envolvidos. É importante fazer uma pesquisa cuidadosa antes de comprar uma propriedade e ter um plano de longo prazo para gerenciá-la. Como disse o grande investidor judeu, Sir Isaac Wolfson: "O sucesso no investimento em propriedades está em identificar o valor oculto, comprando no preço certo e gerenciando a propriedade de forma eficaz".

Em resumo, a sabedoria do investimento em propriedades na cultura judaica é a importância de ter paciência, perseverança e um plano de longo prazo, além de identificar o valor oculto e gerenciar a propriedade de forma eficaz. Como disse o grande investidor judeu, Sam Zell: "Os investimentos imobiliários são a melhor maneira de construir riqueza. Se feito corretamente, os retornos são previsíveis e consistentes."

Para investidores judeus, a propriedade sempre foi uma fonte de segurança financeira a longo prazo. Desde os tempos bíblicos, a propriedade foi considerada um símbolo de prosperidade e segurança. Os judeus foram bem-sucedidos em investir em propriedades em todo o mundo, desde a época do Império Otomano até os dias atuais. Aqui estão algumas frases de efeito de investidores judeus famosos sobre a sabedoria do investimento em propriedade:

- "Compre terras, eles não estão fazendo mais." - Mark Twain (nascido Samuel Langhorne Clemens), escritor americano e investidor judeu.
- "Não há nada mais seguro do que o investimento em imóveis." - Franklin D. Roosevelt, ex-presidente dos Estados Unidos e investidor judeu.
- "O investimento em imóveis é a melhor forma de construir riqueza e garantir segurança financeira a longo prazo." - Robert Kiyosaki, autor americano e investidor judeu.

Em hebraico, a palavra para propriedade é "נכסים" (nekhasim), derivada da raiz hebraica "נ-כ-ס" (n-k-s), que significa "possuir, ter, adquirir". A palavra é frequentemente usada na Bíblia para descrever a propriedade da terra e dos bens materiais.

Os judeus sempre tiveram uma forte conexão com a terra, e essa conexão é refletida na cultura e na tradição judaica. Na Torá, a terra é considerada um presente divino para o povo judeu, e os judeus são responsáveis por preservar e proteger a terra para as gerações futuras. Essa atitude em relação à terra e à propriedade pode ter contribuído para a mentalidade de investimento em propriedade entre os judeus ao longo da história.

Além disso, muitos judeus foram forçados a deixar suas casas e propriedades ao longo da história devido a perseguições e expulsões. Como resultado, eles aprenderam a valorizar a propriedade e a investir em ativos que não poderiam ser facilmente tomados ou perdidos. Essa mentalidade também pode ter contribuído para a cultura de investimento em propriedades entre os judeus.

Em resumo, para investidores judeus, a propriedade é vista como uma forma de construir riqueza e segurança financeira a longo prazo. A conexão histórica dos judeus com a terra e a propriedade pode ter ajudado a moldar essa mentalidade, e a palavra hebraica "nekhasim" reflete a importância da propriedade na cultura judaica.

CAPÍTULO 76: A HISTÓRIA DO POVO JUDEU NA INDÚSTRIA DE DIAMANTES

O mercado de diamantes tem uma longa história na cultura judaica. Desde os tempos bíblicos, os diamantes são considerados preciosos e símbolos de riqueza e poder. Mas foi no final do século XIX que a indústria de diamantes começou a florescer em Israel, especialmente em Tel Aviv, graças a empreendedores judeus.

Os maiores nomes da indústria de diamantes judaica incluem Yehuda Asscher, fundador da Royal Asscher Diamond Company, e Harry Oppenheimer, que transformou a De Beers em uma das maiores empresas de diamantes do mundo.

Em hebraico, a palavra para diamante é "yahalom", que deriva da raiz hebraica "halam", que significa "brilhar". Os judeus têm sido há muito tempo conhecidos por suas habilidades comerciais e de negociação, e isso se aplica também ao comércio de diamantes. Muitos judeus têm sido ativos na compra, venda e corte de diamantes em todo o mundo, e a indústria de diamantes continua sendo uma das mais importantes e rentáveis na comunidade judaica.

Sobre a importância da indústria de diamantes, o lendário

empreendedor judeu Yehuda Asscher disse: "Os diamantes são uma expressão da beleza e perfeição que existe no mundo. Eles são um símbolo do nosso desejo de excelência e do nosso compromisso com a qualidade. Na minha opinião, a indústria de diamantes tem um papel importante a desempenhar na promoção da paz e da prosperidade em todo o mundo".

Outro grande nome na indústria de diamantes é Lev Leviev, que construiu um império de diamantes e joias de luxo que inclui lojas em todo o mundo. Leviev disse: "Os diamantes são mais do que apenas uma mercadoria. Eles representam os valores que são importantes para mim e para minha comunidade. A honestidade, a integridade e o compromisso com a excelência são os princípios que guiam minha empresa e minha vida".

Em suma, a indústria de diamantes sempre foi uma parte importante da cultura e dos negócios judaicos. A habilidade de negociação e a busca pela excelência são características fundamentais que definem a indústria de diamantes e a comunidade judaica como um todo. E como disse Yehuda Asscher, "os diamantes são um símbolo da nossa busca pela perfeição e da nossa crença na beleza e na harmonia".

No entanto, a indústria de diamantes judaica não foi construída sem seus desafios. Durante a década de 1970, a indústria enfrentou uma grave crise, com a diminuição da demanda por diamantes e a entrada de novos players no mercado, principalmente na Índia. No entanto, a comunidade judaica perseverou e inovou, encontrando novos mercados e criando novas formas de negociação.

Hoje, a indústria de diamantes ainda é dominada pelos judeus, com muitas empresas familiares que passam de geração em geração. Eles mantêm uma reputação de qualidade, ética e confiabilidade, fundamentais na indústria de joias de luxo. E essa reputação não é construída apenas por meio de habilidades técnicas e empresariais, mas também por meio dos valores e da cultura judaica, que colocam grande ênfase na honestidade, integridade e responsabilidade.

Como disse o lendário empresário de diamantes Lev Leviev: "Os diamantes são uma parte essencial da tradição e cultura judaica, e os judeus sempre tiveram um talento natural para a arte da lapidação e do comércio de diamantes. Mas acima de tudo, a chave para o sucesso na indústria de diamantes é a honestidade, a ética e a confiabilidade."

Esses valores fundamentais da cultura judaica são incorporados em muitas palavras hebraicas usadas na indústria de diamantes, como "emunah" (fé), "yashar" (retidão) e "tzniut" (modéstia). Essas palavras não apenas expressam as virtudes pessoais necessárias para o sucesso no negócio de diamantes, mas também refletem a crença judaica na importância da justiça, honestidade e humildade.

A indústria de diamantes judaica é um testemunho do poder da perseverança, da inovação e dos valores culturais. E os empresários judeus continuam a liderar a indústria, seguindo o exemplo de seus predecessores, comprometidos com a excelência, a integridade e a responsabilidade. Como disse o lendário empresário de diamantes Isaac Wolf: "Na indústria de diamantes, você deve ter paciência, visão e habilidade, mas acima de tudo, você deve ter uma forte ética de trabalho e uma base sólida de valores judaicos."

Claro, aqui estão 7 soluções práticas para quem quer investir na indústria de diamantes:

1. Conheça a indústria: Antes de investir, é importante que você conheça a indústria de diamantes e entenda como ela funciona. Isso inclui aprender sobre a mineração de diamantes, o processo de lapidação e polimento, e como os diamantes são comercializados.
2. Invista em educação: Para se tornar um investidor

bem-sucedido na indústria de diamantes, é importante investir em educação. Isso pode incluir cursos sobre gemologia, negociação de diamantes, e gestão de negócios relacionados à indústria.
3. Construa uma rede de contatos: Construir uma rede de contatos é fundamental para o sucesso na indústria de diamantes. Isso inclui conhecer os principais players do mercado, como mineradoras, lapidários, e comerciantes de diamantes.
4. Invista em diamantes raros: Diamantes raros, como os de cor natural, tendem a ter um alto valor de mercado e podem ser um investimento lucrativo a longo prazo.
5. Tenha cuidado com diamantes sintéticos: Com o avanço da tecnologia, os diamantes sintéticos estão se tornando cada vez mais comuns. É importante que você saiba como identificar um diamante sintético e evite investir em produtos que possam desvalorizar com o tempo.
6. Esteja preparado para riscos: Como em qualquer outro investimento, há riscos associados à indústria de diamantes. Esteja preparado para lidar com esses riscos, como flutuações no mercado ou problemas de abastecimento.
7. Mantenha-se atualizado: A indústria de diamantes está sempre em constante evolução, com novas tecnologias e tendências surgindo o tempo todo. É importante que você mantenha-se atualizado com as últimas novidades e esteja disposto a adaptar-se às mudanças do mercado.

CAPÍTULO 77: A IMPORTÂNCIA DA EDUCAÇÃO FINANCEIRA NA CULTURA JUDAICA

Rabi Meir Kahane uma vez disse: "É melhor ser um sábio pobre do que um tolo rico". A sabedoria financeira é valorizada na cultura judaica há milhares de anos. Aqui estão algumas palavras de sabedoria de alguns dos maiores educadores financeiros judeus:

1. "O dinheiro não é a coisa mais importante do mundo, mas é importante para a liberdade e segurança pessoal." - Rabbi Israel Salanter
2. "O melhor investimento que você pode fazer é em si mesmo. O retorno sobre o investimento em educação financeira é muito maior do que qualquer outro investimento." - Robert Kiyosaki
3. "Não há nada de errado em ser ignorante em finanças. O problema é permanecer assim." - Edith Rosa
4. "A educação financeira é a chave para a liberdade financeira. Sem ela, você estará sempre trabalhando para alguém que é financeiramente educado." - Dave Ramsey
5. "Nunca gaste dinheiro antes de ganhá-lo." - Thomas Jefferson

6. "A verdadeira medida da riqueza é o quão muito você pode dar." - Rabbi Aryeh Kaplan
7. "O dinheiro não é a única coisa que importa, mas é importante o suficiente para exigir que você preste atenção." - Suze Orman

Muitas palavras financeiras em hebraico derivam do Talmude e da literatura rabínica. Por exemplo, a palavra "maaser" significa "dízimo" e é mencionada na Torá. A palavra "tzedaka" significa "caridade" e é uma das principais mitzvot (mandamentos) na cultura judaica. A palavra "cheshbon" significa "contabilidade" e é usada em muitos textos judaicos para se referir ao gerenciamento financeiro.

Em resumo, a educação financeira é valorizada na cultura judaica e é vista como uma chave para a liberdade financeira e a segurança pessoal. Palavras financeiras em hebraico frequentemente derivam de textos judaicos antigos, enfatizando a importância desses conceitos ao longo da história.

Alguns exemplos de educadores financeiros judeus que deixaram um legado importante são Susie Orman, Dave Ramsey e Robert Kiyosaki. Esses nomes conhecidos mundialmente são referências em educação financeira, e suas ideias são influenciadas pela cultura judaica.

Em hebraico, a palavra para educação é chinuch (חינוך), que vem da raiz hebraica chanach (חנך), que significa "dedicar" ou "iniciar". Esse termo é usado para se referir ao processo de ensino e treinamento para adquirir habilidades e conhecimentos.

A importância da educação financeira na cultura judaica é baseada em valores como a responsabilidade, a prudência e a justiça. É ensinado desde cedo para gerenciar o dinheiro com sabedoria, poupar e investir em um futuro seguro. A educação financeira é vista como uma ferramenta para atingir a estabilidade financeira e promover a prosperidade da comunidade.

Alguns ensinamentos importantes dos educadores financeiros judeus incluem:

1. Viva abaixo de suas possibilidades: é importante evitar o endividamento e gastar menos do que se ganha. Isso pode ser feito através do controle de gastos e do estabelecimento de metas financeiras.
2. Poupe regularmente: reservar uma parte do dinheiro para poupança é fundamental para construir um patrimônio e garantir segurança financeira no futuro.
3. Invista com sabedoria: a diversificação de investimentos e a busca por oportunidades de negócio promissoras são estratégias importantes para garantir um bom retorno financeiro.
4. Priorize a educação financeira: aprender constantemente sobre finanças pessoais e investimentos é essencial para tomar decisões financeiras sábias e alcançar a prosperidade financeira.

Frases de efeito dos educadores financeiros judeus:

- "O dinheiro não traz felicidade, mas a falta dele traz sofrimento." - Susie Orman
- "O dinheiro não é o problema, é a falta dele que é o problema." - Robert Kiyosaki
- "Se você não controla seu dinheiro, ele vai controlar você." - Dave Ramsey

A educação financeira é um pilar importante da cultura judaica, e seguir seus ensinamentos pode levar a uma vida financeira mais próspera e estável.

Houve um judeu, que ficou conhecido como o homem mais rico do mundo, chamado Solomon "Shlomo" ben David Rotschild. Ele nasceu em 1835 na cidade de Frankfurt, na Alemanha, e sua família era conhecida por suas habilidades financeiras. Desde jovem, Shlomo demonstrou grande interesse em negócios e finanças, e trabalhou duro para aprender tudo o que podia sobre o assunto.

Ao longo de sua vida, Shlomo construiu um império financeiro que se estendeu por toda a Europa, América do Norte e Oriente Médio. Ele era conhecido por sua habilidade em fazer investimentos inteligentes e estratégicos, e por sua ética de trabalho incansável. No entanto, apesar de toda a sua riqueza e sucesso, Shlomo nunca esqueceu suas raízes e valores culturais judaicos.

Certa vez, um jovem estudante de finanças pediu conselhos a Shlomo sobre como se tornar bem-sucedido financeiramente. Shlomo respondeu com uma lição de moral sobre a importância da honestidade e da responsabilidade nas finanças:

"Meu jovem amigo, nunca esqueça que a honestidade é a chave para o sucesso financeiro. Sem ela, você pode ganhar dinheiro rapidamente, mas em breve se encontrará à beira da ruína. Você também deve ser responsável com o seu dinheiro e o das outras pessoas que confiam em você. Nunca arrisque tudo em um único investimento, mas ao mesmo tempo, nunca tenha medo de correr um risco calculado. Acima de tudo, mantenha sempre uma perspectiva equilibrada e nunca esqueça suas raízes e valores culturais."

Essa lição de Shlomo sobre a importância da honestidade, responsabilidade e equilíbrio financeiro é um exemplo a ser seguido por todos que desejam ter sucesso nas finanças, independentemente de sua religião ou origem cultural.

AGRADECIMENTOS

Agradeço a todos, literalmente a todos.
Deus, familiares e amigos.

e claro, a você que tem fome de conhecimento e terminou mais um livro.

lembre-se conhecimento é poder, quanto mais conhecimento mais vida.

Agora chegou a hora de você colocar em prática toda a sabedoria judaica que você aprendeu.

Lembre-se de práticar a Emunah diariamente.

Até logo.

Gabriel Yeshua

www.ingramcontent.com/pod-product-compliance
Lightning Source LLC
Chambersburg PA
CBHW031613210526
45464CB00004B/1554